指歸極樂彌陀願

淨土信仰的緣起與西方極樂世界

淨土法門之至簡至捷，雖全在持名念佛，
並切望得到佛力的加持。
只是這「入手容易，成就高」的法門，
實非有口無心即可當生成辦。

大安法師　著

目錄

法藏比丘的因地修行⊙065

序淨土信仰的緣起與西方極樂世界

吳明興

淨土法門，沒有譎詐的誑語，有的只是懇切至誠的淨念。

李贄《焚書》卷四〈豫約〉篇中有一道小條目，叫做〈早晚守塔〉，最後一段，全在談念佛的目的。李贄說：「夫念佛者，欲見西方彌陀佛也。見阿彌陀佛了，即是生西方了，無別有西方可生。見性者，見自性阿彌陀佛也。見自性阿彌陀佛，即是成佛了，亦無別有佛可成。」又說：「故凡成佛之路甚多，更無有念佛一件直截不蹉者。」

李贄是明朝世宗時代的人，就佛紀而言，早已是末法時期；而那也是淨宗八祖蓮池大師的時代，蓮池大師說：「我只知道念佛，並無別的法術。」則更直截透闢的指示出，「修行捷徑無越淨邦」，並明白的揭舉「念佛十種功德」，以申明念佛的目的：「命終之時，心無怖畏，正念現前，得見阿彌陀佛，並諸菩薩衆，手持金臺，接引往生西方淨土，盡未來際受勝妙樂。」至民國時代，淨宗十三祖印光大師，又更為明確的顯豁出「即生了生脫死」的念佛要道，頓斷衆生百千劫受苦的根本。

淨土法門，在我國始立於東晉時的慧遠大師在廬山結蓮社，共期深信發願，念佛往生阿彌陀佛國土，自此即與禪、律、臺、密等宗遞相並顯於歷朝，而祖師輩出，往生者不可勝紀；迄今一千六百年來，仍為我國佛教徒信仰佛教的最大依止。尤其是在臺灣地區，大部分的道場與念佛會，所持念的都還是「阿彌陀佛」的萬德法名，所供養的也都是莊嚴殊勝的西方三聖像。可見淨土法門影響之深遠，信受之普遍，普利末法衆生之方便，是何等的令人歡喜。

淨土法門之至簡至捷，雖全在持名念佛，並切望得到佛力的加持。只是這「入手容易，成就高」的法門，實非「有口無心」即可當生成辦。所以，「聞說是法，信解歡喜」，便成為由覺而行而解脫生死的依據了。因為這法，是佛陀的付囑；是「我法如是，作如是說」的慈悲。佛於是宣說了普被三根的淨土經典，用以為衆生的然的開顯西方極樂依正二報的莊嚴。這便是《大無量壽經》、《佛說觀無量壽經》、《佛說阿彌陀經》的由來。

而歷朝以來，弘揚淨宗的高僧大德，不但以與其時代衆生相應的教法、暢演、注疏淨宗經典。而且也根據念佛法門的殊勝，發而爲文的寫了許多相關的論述、紀傳、詩文、法語；如《往生論注》、《西方合論》、《寶王三昧念佛直指》、《蓮華世界詩》等等。唯時移境遷，教理、教義雖一如，但因言說方式的與時遞嬗，使得淨宗經典，和歷來祖師大德的著述，因譯文或古奧，闡釋或簡切，以致現代人大都不易讀通，更別說確然的理解了。因此，難免在信受、持名之後，茫然不知西方聖境的模樣，究竟是個如何殊勝法，以及爲何要在臨命終時往生淨土。如此一來，只會在信受之後，徒增不必要的疑惑，而疑惑一起，便無法念念相續、綿綿密密的精勤不懈。致使這「入手易，成就高」的直截法門，因茫然不知所指歸，和無端的懈怠而退墮，而變成「入手容易，成就難」。是以，做爲一個老實的念佛人，實在不能不對經論之切要者，有所知解、正見，並善加「體貼」的福慧雙修。

職是之故，善根深厚的魏磊居士，在探討淨宗文化的同時，精究相關經論言教，並依其緣起、次第，爲之點題、綜理，且在必要之處加上注釋，以省卻學人查索之勞，而其最可貴之處，是譯筆翔實、切當、平易，使不諳經論結構與古文義法的現代人，讀來倍覺親切、受用，進而確知念佛的目的。只要我們念佛人，肯精勤於慧解之際，依經論言教所指歸的去修行，定不會錯過這一殊勝因緣。

民國八十五年二月十五日在芳川

王序

王新

佛教法門很多，歸納起來不出聖道、淨土二門。前者是指行人專憑自己的禪觀念誦等修證，叫做自力；後者是指行人依靠信願持名，仰仗彌陀的宏願接引生西，稱做他力。比方人們旅居遠方欲返，自力就是步行，一步一步地回歸；他力則是辦妥乘坐先進交通工具的手續，走上和依靠先進的交通工具返家，既省力，又迅速。所以弘揚淨土的佛典十分宏富，古德對此謂之「功高易進」法門。

佛陀開的淨土法門，實爲指點教法的最終歸宿。古印龍樹、無著和世親諸菩薩先後出世，開中觀、瑜伽行兩大學系，一本佛陀意旨，前者著《十住毗婆沙論》，後者作《往生論》，倡導淨土作歸宿處。大教東漸，漢代開始翻經，即有淨土譯典問世。東晉竺法曠（西元三二七～四〇二年）首先吟詠和講誦《無量壽經》，接著，慧遠大師（西元三三四～四一六年）於廬山般若臺精舍彌陀像前，與同道一百二十三人供齋發願，結社念佛，共期生西。至南北朝東魏的曇鸞大師（西元四七六～五四二年）、唐道綽大師（西元五六二～六四五年）和善導大師（西元六一三～六八一年）先後倡導淨土時，此教已普遍地弘傳開來；尤其是善導大師著重提倡持名專修，使淨土教像風馳電掣般地發展，幾成「家家阿彌陀，處處觀世音」的境地。此後，乃至於今，代有高賢提倡，成爲我國禪、教、律、密的共同指歸，以至淨宗被衆推尊共有一十三祖。這就是淨土文化在我國流行的史略。

佛典很多，但能對它深入研究而登堂入室者少；諒由其義蘊深隱，入門非易。魏磊居士宿植德本，善根深厚；鑽研佛典，探究淨宗文化。以「千經萬論，處處指歸」之旨，用淨土三經一論作基幹，尤其是《佛說大乘無量壽莊嚴清淨平等覺經》即善本《無量壽經》，精心敬選摘錄了四十餘部經典和一百一十餘部論著的淨土言教，按照淨土緣起、極樂依正莊嚴和往生資糧的次第，逐段提要或簡介論述，擇難注釋，把原文譯成語體，彙編成三册，集淨土要義之大成，而爲讀者易閱易入之作。並且句句出乎經論，字字都有依據，得此一部，即能系統地了解淨土的真意，掌握住到達寶所的捷徑。此書即將付梓問世，誠望讀者人人受益，終究同登淨域，庶符佛陀的慈悲本懷，也滿編譯者的深切心願。承囑爲序，粗述其源流和願望，以饗讀者。

一九九四年元月

前言：淨宗文化的歷史與現狀

總述

在我國源遠流長的文化寶庫中，淨宗文化以其世出世間的色調而別具一格。淨土宗作爲佛教五大宗之一，自古迄今，都在我國人民的心靈世界，產生著或直接或間接的影響力。唐代那種「家家阿彌陀，戶戶觀世音」的盛況，說明了淨土宗在我國民間的普及程度。

淨宗文化獨特的超越性與廣泛的民間性、鮮明的他域性與濃厚的本土化，奇妙地融合在一起，這是耐人尋味的。在我國文化面向現代並日趨匯入世界主流文明的今天，我們對淨宗文化作深入的理性觀照，是不乏理論價值與現實意義的。

淨土宗是信仰諸佛及其淨土之存在，現生仗蒙佛陀的慈悲願力的攝護，死後期望往生淨土的大乘佛教之一派。在大乘經論中，雖然說明十方世界有無量無數諸佛及其佛淨土，並在各自的佛土教化衆生（諸如藥師佛的東方琉璃世界，阿閦佛的妙喜淨土，彌勒的兜率淨土等），但是，唯有有關阿彌陀佛的經典佔絕對多數。因此，自古以來，阿彌陀佛的西方極樂世界，就成爲淨土宗的代表。

淨土是清淨、莊嚴、平等，没有垢染的國土。這種淨土既不是儒家所設想的大同世界，也不是基督教的天國。淨土經論對西方極樂世界的種種境況有詳盡的描述，西方淨土的莊嚴殊勝實在不可思議。泛泛讀過，容易給人留下天方夜譚的感覺，然用心靈去體會時，方能領略其中些許神韻。幾千年來，西方極樂世界爲那麼多人（上至帝王將相，下至販夫走卒）所虔誠嚮往，所夢寐以求，就不是簡單地以一句「精神避難所」所能概括的。

爲什麼淨土法門在佛法中，佔有如此重要的地位，而得到佛教徒們普遍的信仰呢？這個問題有必要從社會心理、人的生存境況、終極關懷、身心結構等諸方面作綜合的探討。原因很多，但其中主要的一條也許是：在現實的人生中，人們受著種種的痛苦（生、老、病、死等八苦）逼迫所產生的一種自然現象。人們渴望痛苦的解脫，希望在現世心靈有個安全的寄託，死後的生命，有永恆的歸宿。正像客旅他鄉，日暮有投宿的地方一樣。阿彌陀佛正是感知到脆弱的衆生這種內心的需要，便創設了西方極樂世界，來濟度那些流浪生死、無法作主的衆生。正是由於阿彌陀佛的慈悲願力的感化與衆生内在需求的趨迫，才使淨土法門受到佛教徒們的普遍信仰與修學，西方淨土也成爲大小乘學者所共同趨向的理想世界。

淨宗文化的起源

淨宗文化可從下列三個方面溯源：

一、由生天思想導出

《大智度論》云：「聲聞法（指小乘佛法）中說念欲界天；摩訶衍（指大乘佛法）中說念一切三界天。行者未得道時，或心著人間五欲，以是故佛說念天。若能斷淫欲，則生上二天界中，若不能斷淫欲，即生六欲天中。」

這是佛陀對那些沒有得道或眷戀五欲的人，所開施的方便教法。佛陀教弟子們皈依三寶，就是三念（念佛、念法、念僧）的法則，再加上念戒（憶念戒行功德）、念施（憶念布施功德）與念天（念天的富樂，而修布施持戒的善業），成爲六念處。

由於三念中有念佛的思想；六念中有生天的思想；再由生天的思想，演變成爲往生的思想；進一步更由念佛思想與往生思想的結合，形成念佛往生淨土的思想。在佛經中往生淨土的記載，肇始於兜率內院的彌勒淨土。這就是念佛、念天、生天而演變成爲往生淨土的開端。由此，我們可以看出：淨土文化淵源於根本佛教的時代。

二、原始佛教的展開

淨土救濟的思想，從佛陀的本懷中流出。《雜阿含經》與《增一阿含經》中有這樣的法語，「向佛走去一步，也有無量功德」；「念三寶可以除恐怖」；「被迫供佛，也能六十劫不墮惡趣」。在《那先比丘經》裡，更進一步說：「人雖有本惡，一時念佛，用是不入泥梨（指地獄）中，便生天上。」

原始佛教對淨土思想，有一個逐步深化明朗的過程，由生天而引出求生當來下生佛（指彌勒菩薩）的兜率天；由本界佛的淨土而引出他方佛的淨土；由佛的本生譚而引出佛的本願力。西方淨土便是阿彌陀佛的四十八願所成就的。可見，釋迦牟尼佛雖然没有在《阿含經》等小乘佛典中明確説到西方淨土，但是，阿彌陀佛淨土的思想，確係由釋迦牟尼佛的本懷中流出。

三、外來思想的激發

淨土的他力救濟思想，雖然在原始佛經中存在，但在沒有遇到外來思想的激發前，尚未受到應有的重視。在小乘佛教中，側重於憑自力修行，斷惑證真，了生卻死。

後來，來自希臘、波斯等北方民族的宗教信仰對佛教衝擊頗大。爲了擴大佛教的包容性，同時也爲了接引更多的異教徒皈信佛教，因而，對異教的思想便不能不考慮其價值。他力救濟的祈禱崇拜是一切有神教的共性，佛教不信有神，但在佛的本願力中，也確實含有他力救濟的功能。所以，那先比丘見了希臘的彌蘭陀王，便說念佛可以生天。到了馬鳴菩薩的時代，阿彌陀佛淨土的思想已經出現，淨土經典由口頭傳誦而被結集成經書時，便是西方淨土的時代化與現實化。

淨土思想雖可溯源於佛陀時代，但淨土經典的具體成立，則在大乘佛教初期《華嚴經》、《妙法蓮華經》之後。在原始佛教與部派佛教時代，淨土的信奉者主要是在家衆。正當以出家僧團爲主，並領導整個佛教的情形下，淨土思想自然就不甚彰明了。所以，在小乘經典中只能窺到淨土的些許微光。但是，傳到中國的主要是大乘佛教，所以，我們在漢文佛語中常能讀到佛陀對西方淨土的諸多贊嘆與開示，形成「千經萬論，處處指歸」的態勢。由此，我國的民衆，對阿彌陀佛與觀世音菩薩（西方淨土的候補佛）有著廣大而深切的崇敬。

淨土經典：三經一論

佛教東漸，淨土的經論也隨之傳譯。闡述西方淨土的經典，主要有三經一論。它們是：

《佛說阿彌陀經》（簡稱《小本彌陀經》）

《佛說大乘無量壽莊嚴清淨平等覺經》（簡稱《大本彌陀經》）；

《佛說觀無量壽佛經》（簡稱《觀經》）

《無量壽經優婆提舍願生偈》（簡稱《往生論》）

以上的三經一論，專談淨土，是淨宗的根本經論。近代印光大師將淨土經典總括爲五經一論。即在三經一論的基礎上增加了《楞嚴經・勢至菩薩念佛章》與《華嚴經・普賢菩薩行願品》。

一、三經一論的譯本

《大本彌陀經》傳來我國最早，翻譯最多。自漢迄宋，共有十二種譯本。宋元而降，僅存五種。它們是：

(一)、《無量壽清淨平等覺經》（漢譯）

(二)、《佛說諸佛阿彌陀三耶三佛薩樓佛檀過度人道經》（吳譯）

(三)、《無量壽經》（魏譯）

(四)、《無量壽如來會》（唐譯）

(五)、《佛說大乘無量壽莊嚴經》（宋譯）

五種譯本中，魏譯流通最廣，然古今祖師大德均認爲各種原譯本皆有不完善之處，諸如，經文的缺漏、文辭的晦澀等。

爲補原譯本的不足，自宋迄今，又出現了四種會集本，它們是：

(一)、《大阿彌陀經》（宋國學進士龍舒王日休校輯）

(二)、《無量壽經》（清菩薩戒弟子彭際清節校）

(三)、《摩訶阿彌陀佛》（清菩薩戒弟子承貫邵陽魏源會譯）

㈣、《佛說大乘無量壽莊嚴清淨平等覺經》（現代菩薩戒弟子鄆城夏蓮居會集）

這四種會集本中，夏蓮居居士會集的《佛說大乘無量壽莊嚴清淨平等覺經》被中外公認爲善本，夏蓮居老居士，於民國二十一年，發願重校此經，力踵前賢，誓爲善本，掩關三載，稿經十易。遍探五種原譯，洞察三家校本。無一語不詳參，無一字不互校。文句精義，悉本原譯，而流暢自然，渾若天成。這個會集本的問世，爲淨土宗在當代的弘揚，貢獻甚巨。

《小本彌陀經》，有四種原譯本，二存二缺：

㈠、《佛說阿彌陀經》（姚秦三藏法師鳩摩羅什譯）

㈡、《稱贊淨土佛攝受經》（唐三藏法師玄奘譯）

這兩種譯本，大體相同，稍有出入。鳩摩羅什的譯本流通最廣。

《觀無量壽經》有三種原譯本，現僅存畺良耶舍的譯本。

《往生論》，世親菩薩造，菩提流支譯，目前正在流通。

二、三經一論的宗旨

㈠、《佛說阿彌陀經》，是佛在舍衛國祇樹給孤獨園，爲大智舍利弗拈出，經中直指西方極樂世界。勸勉大衆生信發願持名，蒙佛接引，往生西方淨土。「執持名號，一心不亂」，是這部經的宗旨。自古以來，這部經典列爲叢林日課，爲各宗各派所信仰。

㈡、《佛說大乘無量壽莊嚴清淨平等覺經》，是佛在王舍城耆闍崛山中的法會上宣說。主要內容有：阿彌陀佛的因地修行，四十八願，西方極樂世界的依正莊嚴。其第十八願：「我作佛時，十方衆生，聞我名號，至心信樂，所有善根，心心迴向，願生我國，乃至十念。若不生者，不取正覺。惟除五逆，誹謗正法。」「十念往生願」，是阿彌陀佛的根本大願，也是淨宗的根本教理。本經的心要即是「發菩提心，一向專念」。

㈢、《佛說觀無量壽佛經》，是佛在摩竭提國王宮中，爲國太夫人韋提希所說。經中宣示了淨宗修持的理論與方法。包括淨業三福、十六妙觀，以及三輩九品的境界等。「是心作佛，是心是佛」，是本經的心要，也是佛教八萬四千法門的心要。

㈣、《往生論》，是世親菩薩修學淨宗的心得報告。世親菩薩將西方極樂世界歸納爲三種功德莊嚴：佛土功德莊嚴、佛功德莊嚴、菩提功德莊嚴，這三種功德莊嚴濃縮到一句佛號中，所以，佛號即是真實智慧無爲法身。世親菩薩開示的「五念行門」的修持方法，甚爲精要。

淨土宗在我國的弘傳

中國淨土宗是上承印度大乘佛教，吸收對諸佛及其淨土的信仰，尤其是對阿彌陀佛西方淨土的信仰而成立的。

佛教向我國的傳佈，約在前漢哀帝時代。在這之後，印度的僧人攜梵經陸續來華。後漢靈帝光和二年（西元一七九年），支讖譯出的《般舟三昧經》、《佛說清淨平等覺經》，成爲淨土教傳來的先聲。接著吳支謙、西晉竺法護等翻譯《大阿彌陀經》、《平等覺經》。姚秦鳩摩羅什、劉宋寶雲、畺良耶舍等譯出《阿彌陀經》、《十住毗婆沙論》、《無量壽經》、《觀無量壽佛經》等。

隨著淨土經典的相繼翻譯與流佈，信奉淨土宗的人日漸增多。最初發願求生西方淨土的有西晉的闕公則（據記載，他往生後回來給道友們報信），其後，追隨發願往生者相續不絕。《高僧傳》載：東晉潛青山竺法曠（西元三二七～四〇二年）：「每以《法華》爲會三之旨，《無量壽》爲淨土之因，常吟詠二部。有衆則講，獨處則誦。」

其中最負盛名的是東晉的慧遠大師（西元三三四～四一六年），他在廬山結白蓮社，與大衆共同精修念佛三昧，以見佛往生爲目的。據史料記載，參加蓮社的一百二十三人中，大多數人有往生的瑞相。這在當時乃至後世，都產生了巨大的影響。由此，慧遠大師被後人推崇爲中國淨土宗的開山祖。

在魏晉南北朝、隋唐之際，淨土宗的弘傳進入黃金時代。出現了「家家阿彌陀，戶戶觀世音」的盛況。淨宗二祖善導大師在長安弘揚淨土法門，化緣極盛，城中隨處都能聽到念佛的聲音。這一方面是當時處於離亂的時代，人們亟望解脫，同時也與帝王將相、文人學者的倡導有關。我國歷代有許多文人雅士，諸如謝靈運、李商隱、白居易、蘇東坡、袁宏道、魏源、龔自珍等，與淨土宗都有很深的因緣。

自晉迄今，專修專弘淨宗的祖師大德，代有傳人。淨宗祖師凡有十三位（本書附見其傳略）。他們是：慧遠大師（西元三三四～四一六年）、善導大師（西元五六二～六四五年）、承遠大師（西元七一二～八〇二年）、法照大師（西元七六七～八二一年）、少康大師（西元?～八〇五年）、永明大師（西元九〇四～九七五年）、省常大師（西元九五九～一〇二〇年）、蓮池大師（西元一五三五～一六一五）、蕅益大師（西元一五九九～一六五五年）、截流大師（西元一六二八～一六八二年）、省庵大師（西元一六八六～一七三四年）、徹悟大師（西元一七三七～一八八〇年）、印光大師（西元一八六二～一九四〇年）。淨土宗的歷代祖師並不是像他宗的法系那樣有前後傳承的關係，而是由後人根據其人的道行以及弘揚淨土法門的貢獻來推舉公認的。

淨土宗自宋代以後，便成爲佛教各宗各派共同信仰的中心。經元、明、清，乃至現代，莫不如是。各宗諸師或仿廬山慧遠大師的遺風，結蓮社普勸道俗念佛；或著述章疏典籍，廣泛地弘傳淨土；或講解經論兼弘淨宗，志歸淨土；或日課專念佛號，作觀禮懺，以期往生。近代的印光大師爲中興淨土宗，厥功甚偉。而夏蓮居的會集本《佛說大乘無量壽莊嚴清淨平等覺經》一經問世，中外響應，風起雲湧。中國大陸、臺灣、香港、新加坡，乃至美國、加拿大等紛紛成立淨宗學會或念佛社，淨宗在世界各地，一時蔚成大觀。

淨土宗在當代的隆盛，亦與佛教的法運相關。《像法決疑經》云：「本師（指釋迦牟尼佛）滅度，正法五百年，持成得堅固，像法一千年，坐禪得堅固；末法一萬年，念佛得堅固。」《大集經》又云：「末法億億人修行，廉一得道，唯依念佛得度生死。」近代的高僧大德從與時教相應的角度，弘揚淨土宗，自然容易收到一呼百應的效用。

淨宗修持的三個必要條件是信、願、行。「資糧」的含義是：正如出門旅行得預備錢糧一樣，往生西方淨土也得預辦「錢糧」，否則就去不了。信、願、行就是往生西方極樂世界的資糧。可見，信、願、行在淨宗修學中的重要性。

一、生信

對於修學佛法來說，信是非常重要的前提。經云：「信爲道元功德母。」信是道的本元，一切功德之母；因爲從信才能生出一切功德。又說：「佛法大海，信爲能入，智爲能度。」這就是說，必須先具備信心，才能深入佛法之海。若無信心，縱然廣讀佛書，也只是將佛法作爲一門世間學問來研究而已。

就淨土宗來說，生信就更爲緊要。因爲淨土法門是二力法門，即以自己的信力感應佛力的接引，生到西方淨土（側重他力本願）。如果不具備「信」，就如同沒有調頻的收音機，不能接收到電波頻率一樣。

淨土法門在佛的八萬四千法門中，屬於難信之法，玄奘大師判淨土法門是「極難信之法」。佛陀在多年的弘法布（佈）道中，也屢次提到這點；因而，常常苦口婆心地勸進大衆，樹立信心。淨土法門難信，但卻易行，功效殊勝。凡夫只要至心執持名號，發願往生，就能滿願；一經往生，便能圓證三不退（位不退、行不退、念不退），一生究竟成佛。

由於淨土法門的契理契機與功效卓異，所以，淨宗的歷代祖師大德均致力培植衆生的信心。翻閱這些祖師們的撰述，其中有相當的篇幅在做「破疑生信」的工作。可見，生信這一關是多麼的難以透過！

如何才能建立信心，正信的內涵是什麼呢？淨宗九祖藕益大師曾將正信歸納爲六個方面（參見《阿彌陀經要解》），現分述如下：

㈠、信自

相信我現前一念真心，本來就不是身內的肉團假心，也不是攀緣分別的第六意識；這一念真心在時間上無始無終，在空間上橫遍十方，十方無量世界原是我一念心中所變現的物體。我雖然迷惑顛倒，但只要一念迴光返照，專持佛號，決定得生自心本具的極樂世界。所謂：「唯心淨土，自性彌陀。」

㈡、信他

相信釋迦牟尼佛決不會説欺誑語，阿彌陀佛的四十八大願，願願圓滿，不會虛發。十方諸佛伸出廣長舌相同聲贊嘆，句句真實。因而，排除疑慮，依教奉行。

㈢、信因

相信善惡因果報應真實不虛，相信散亂稱念佛名，猶爲成就佛道的種子，如果一心執持名號，決定得生西方極樂世界。

㈣、信果

深信西方淨土，都是諸上善人聚會一處。這些上善人都是從念佛三昧中得以往生的。猶如種瓜得瓜、種豆得豆，依因感果，果不離因。有念佛之因，必定得往生淨土之果，功無虛棄。

㈤、信事

相信由於一念心性不可窮盡，依心所現的十方世界也不可窮盡。在離這個世界十萬億佛土之外，實有阿彌陀佛的西方極樂世界，不是天方夜譚，也不是莊子寓言。

㈥、信理

深信西方極樂世界，是我現前一念心性所顯現的影像。我心與佛心，交融互攝。念佛即是佛念。

具足上述六信，才是真信，才是正信。淨宗十祖截流大師曾說：「如果沒有真信，縱然念佛修善，但不能往生到極樂世界。來世生到富貴人家享福，在享福的時候必定造業。既造惡業，必受果報。所以，用正眼觀之，沒有正信的念佛人，比闡提（斷善根的人）與旃陀羅（以屠殺為業的惡人）的受報，只是在時間上稍緩一步而已。」可見，正信在淨土法門中至爲重要。

二、發願

「願」在淨宗修持中，也是不可或缺的一環。蕅益大師曾指出：「往生西方淨土的關鍵，就是信願。能否往生，就看你有沒有信願，而往生品位的高下，則取決於念佛工夫的深淺。」

願的內容很直截，就是厭離娑婆世界，欣求西方極樂世界。發願基於如下兩點，第一、對娑婆世界的八苦（生、老、病、死、怨憎會、愛別離、求不得、五陰熾盛）有深切的體察，對極樂世界的殊勝莊嚴有真實的信向。因而，以西方淨土的樂來對比娑婆世界的苦，就會油然生起厭離心；就像厭離坑廁、厭離牢獄那樣。居娑婆世界的苦境來遙想西方淨土的美妙，就會油然生起欣慕心，就像回歸故鄉，奔向皇宮那樣。

第二、爲了實現救度衆生的大悲心，應當發願往生淨土。經論中常說，初發心菩薩，忍力未曾成就，是沒有能力度化衆生的。必須往生到西方極樂世界證得道果後，才有能力回入生死海，濟度衆生。這裡涉及到發菩提心的問題。菩提心就是上承佛道、下化衆生的心，是大慈大悲普度衆生的宏誓願心，淨土宗特別重視發菩提心。《大本彌陀經》的宗旨就是「發菩提心，一向專念」。如果不發菩提心，只是爲了自己往生到西方淨土去享福，按曇鸞大師在《往生論注》中的說法，這種念佛人，是決定不能生到西方淨土的

如果能從這二方面契入，便有可能發起真切的往生西方淨土的願。深信懇切，才能做到：「萬緣放下、一念單提，隨願往生。」

三、持名念佛

信願具備後，持名念佛就是正行。概括的說，念佛有四種方法，即：持名念佛、觀像念佛、觀想念佛、實相念佛。歷代祖師大德從契理契機的角度，在末法時期，專倡持名念佛。

持名念佛法爲何最爲殊勝呢？因爲，阿彌陀佛的名號是萬德洪名，衆生念這個名號，就能召來名號中的萬德。念念相續，就能轉凡心爲佛心。即便工夫未到，也能蒙佛的願力加持，帶業往生。

在佛的八萬四千法門中，唯有持名念佛法門能夠廣泛攝受種種根機的衆生，上至文殊、普賢，下至五逆、十惡，都能契合這個法門。淨土法門下手易而功效高，〈念佛圓通章〉說：「若衆生心，憶佛念佛，現前當來必定見佛，去佛不遠。」說明持名念佛就是從衆生心下手，就是從我們現在念佛的這個心，就這樣一聲接一聲的念佛，就必定見佛。根利的衆生，當下就能見佛（明心見性），就與佛相去不遠。無怪乎古德常說：「明珠投於濁水，濁水不得不清；佛號投於亂心，亂心不得不淨。」這句佛號投入我們亂心裡面，亂心就不得不立即清淨了，直截了當，不可思議。

由此，蕅益大師贊嘆持名法門是：「方便中第一方便，了義中無上了義，圓頓中最極圓頓。」近代的印光大師也說：「九界衆生，捨此（持名念佛）則上無以圓成佛道；十萬諸佛，離此則下無以普度羣萌。一切法門，無不從此法界流；一切行門，無不還歸此法界。」對持名念佛贊嘆到了極處。

信願行在淨土法門中，相輔相成，不可或缺。由信啓願，由願導行，行則將信願具體化。如三足之鼎，一而三，三而一。

淨宗文化與現代社會

從進化論的觀點來看，一種歷史悠久的文化，隨著時間的推移，會日漸失去其現實的有用性，而將被更高形態的文化所取代。然而，當我們冷靜地審視淨宗文化與現代社會諸種關係時，便會發現：淨宗文化不僅沒有落伍於現代文明，而且能夠與現代文明並行不悖，相得益彰。下面，本文擬就淨宗文化與現代社會三個敏感方面的關係，略作闡述。

一、淨宗文化與現代科技

在一般人看來，淨宗文化即便不是封建迷信，也至少是有悖於科學精神的。然而，這一觀念在當代西方科學家掀起的「東方哲學熱」當中，受到挑戰。前幾年《科學畫報》發表一篇短文，題目是〈科學思想的無價之寶〉。文中介紹有許多研究高能物理以及生命科學的第一流科學家，把佛教思想看爲寶物。日本科學家松下真一說：「這實在很奇怪，正是現代物理學（元質點論）的真理，並用實驗加以證明，這和古代的佛教思想的具體表現一樣，不是令人驚嘆嗎？」

淨宗文化與現代的自然科學對宇宙圖式的認識，具有越出常規思惟的貼近。諸如：愛因斯坦「物質是由場强很大的空間組成」的論點與「色不異空，空不異色」的佛理；現代物理學所闡明的「宇宙萬物以幾何方式交織於十一度時空空間」與西方淨土、華藏世界所描述的多層次緣起的宇宙模式；時空的相對性與一念萬念，須彌納芥子的境界；光速、心力及佛力的對襯等，均對我們顯示出淨宗文化與現代自然科學相互印證的奇妙圖景。

美國物理學家F・卡普拉在其《物理學之道》（中譯本名《現代物理學與東方神祕主義》）中寫道：「古老的宗教典籍《華嚴經》與現代物理學的理論之間，有著驚人的相似性。」而淨宗第一經──《佛説大乘無量壽莊嚴清淨平等覺經》，歷來被稱爲中本《華嚴經》。因爲這部淨土經典具足《華嚴經》事事無礙法界的十玄門。並且，這二部經典有内在的關聯。譬如，《華嚴經》的末後，普賢菩薩以十大願王導歸西方極樂世界。所以，古德曾評判：《華嚴經》是《大乘無量壽經》的導引。

可見，淨宗文化與現代科技文明不僅不相悖，而且有助於現代尖端科技的發展。從某種意義上説：科學愈發展，淨宗文化也愈昌明。在不遠的將來，淨宗文化與現代科技有可能融合並進。淨宗文化爲現代科技提供啓示與先導，現在已顯端倪。

二、淨宗文化與生態環境

隨著全球性的現代化，在帶來日新月異的物質文明的同時，生態環境問題也日益嚴峻。諸如：工業化城市上空迷漫的煙霧，江海湖泊中生物的減少甚至滅絕；森林的大量砍代，草原的沙漠化，全球性的「溫室效應」，以及核幅射的污染等等。這種種的問題向我們昭示：我們只有一個地球，我們如何與地球和諧共存？

科學家們創造了「生物圈」這個概念來描繪地球、大氣和海洋。而生命就在其中形成，人只有依賴生態系統才能生存。相處和諧，才能與生態系統形成良性互動，否則，便會兩敗俱傷。

例如，在如何處理核放射性廢物問題上，原來曾設想可以安全地將這些廢物倒進海洋的最深處，以爲在那樣的深度下，不會有生命存在。然而，前蘇聯所作的深海考察否定了這個假想。無論在什麼地方，只要有生命，放射性物質就會被吸收到生物圈裡。當一種有機體喂入另一種有機體，放射性物質便攀登上生命的階梯回到人體內。

生態環境的日益惡化，其癥結在於人類日趨膨脹的物欲和自我中心主義。要有效地解決生態環境危機，就得從根治人類的這兩種病根著手，淨宗文化在這方面能開出一劑良方。

淨宗文化看重人性的健全發展，把生產勞動視為一項克服自我中心同時也獲得生存所必需產品的活動。它著重於人的「解脫」，而不推崇效率至上，淨宗文化並不反對生活享受（西方淨土就有種種勝妙的享受），而是反對對生活享受的貪戀。因此，淨宗文化崇尚簡樸與非暴力。主張應以較低的消費獲得高度的滿足，使人們的生活不至感受強大的生存壓力與緊張。

由於奉持簡樸的消費觀念，人們就會通過適度地使用自然資源來滿足自己的生存需要。與自然界保持一種和諧的關係。而那些奉持高消費觀念的人們，則容易肆意地掠奪揮霍自然資源。如果當地物資資源有限，便容易造成敵視，甚至戰爭。

在對待自然萬物方面，淨宗文化平等地對待一切生物。我們不僅不能害彼生命以滋養自己，而且還應與一切生物保持一種友善共存的關係。對無知覺的礦物、樹木花草等，也應當把持平等的恭敬態度。因為從終極意義上說：「情與無情，同圓種智。」爲了人類的生存，可以合理地使用再生資源。如木材、水力、植物、蔬果等，而對於非再生物資，如媒、石油等，只在萬不得已的情況下才動用。而且必須十分愛惜地使用，如果過度揮霍便是一種暴力行爲。

淨宗文化的「依正不二」觀念認爲：外部的自然環境與人文環境（依報）與我們的身心（正報）具有同構對應的關係。心淨則土淨，心穢則土穢。透過生態環境危機，亦可測度人類日趨險惡的心態。要想擁有一個「純淨的地球」，就得首先致力於清除人類內心的貪、瞋、癡三毒，否則，一切良好的期待終會落空。

三、淨宗文化與世界和平

自有人類以來，人類一直生活在戰爭的陰影與恐怖中。尤其是今日的人類生活在核武器的火山口上。據科學家測定，現存的核武器的能量可以幾十次地炸毀地球。全世界每人平均有近三噸的核彈像達摩克利斯劍懸在頭上。科學家們估計：一場爆炸總量爲一百億噸以上的全面核戰爭，便能導致地球的「核冬天」，並最終毀滅這個地球上的人類。

英國科學家邁克爾・羅文——羅賓森曾有過如下的預測：

我看來，未來將會有兩種可能的前景。一種前景是：在下一世紀某一時候，可能會早一些而不是晚一些，宇宙中有智慧的生命將會泯滅。第二種前景是：將來數百萬年以後的某一天，某個其他文明世界偶然發現地球及其所擁有過的奇蹟般的生命，發現人類短時間文明的遺物，就像考古學家偶然發現圖騰墓一樣。①

面對西方科學家的這種預測，我們作何感想呢？四十多年前，愛因斯坦說過：「原子裂變改變了世界的一切，但沒能改變人類的思惟方式。因此，人類正在走向空前的災難。」這位曾建議羅斯福總統製造原子彈的大科學家，說出這種言語，想必心情十分沈痛。

愛因斯坦的這番話，倒是給我們一個啓示：要避免核子戰爭的災難，就得改變人類的思惟方式。將人類的思惟方式從貪欲、掠奪、仇怨、自我中心的泥潭裡拔出來。對此，淨宗文化能有所作爲。

佛陀洞察這個世界的衆生，在貪、瞋、癡三毒的驅迫下，會造種種的罪惡。佛陀曾作如是的開示：

世間諸眾生類，欲為眾惡、強者伏弱，轉相克賊、殘害、殺傷，迭相吞啖，不知為善，後受殃罰。②

這些愚癡的衆生種了惡因，自然避免不了苦報：

故有自然三途（畜生、餓鬼、地獄），無量苦惱、輾轉其中，世世累劫，無有出期，痛不可言。③

所以，佛陀以無限的慈悲心教化衆生，要我們以慈悲心、平等心、公正心待人接物，以謙遜忍辱心來化解這個世界的沈重。要深信因果，斷惡修善，改過自新，這樣必然會感得善果，造成天下太平的盛世。即經中所描述的：

佛所行處，國邑、丘聚靡不蒙化。天下和順，日月清明，風雨以時，災厲不起，國豐民安，兵戈無用，崇德興仁，務修禮讓，國無盜賊，無有怨枉，強不陵弱，各得其所④。

可見，淨宗文化的「和順」思想，有利於世界和平。並與孔子的「禮之用，和為貴」的思想，有異曲同工之妙。這些「和順」、「和諧」、「貴和」思想的弘揚，亦是對世界文明的重大貢獻。對日漸被邪惡浸染的社會機體，不啻為一强大的解毒劑。

淨宗文化與我國道德重建

我國自倡行現代化以來，國人的價值觀念，生活方式發生了巨大的變化，社會進步有目共睹。同時也應看到，市場經濟衝擊下的我國社會呈現著前所未有的道德無序狀態。從冷漠自私到見死不救；從權錢交易到貪污受賄；從偽劣商品到敲詐勒索；從短斤少兩到公開綁票；從賣淫嫖娼到拐賣婦女等等，不勝枚舉。

種種事實使我們尖銳地意識到：能否重建（復興？）當代中國道德文化，不僅關係到我國市場經濟與現代化的發展，而且更關係到我們這個文明古國的存亡盛衰。

導致我國道德淪喪的原因衆多。其中最根本的一條就是：現代中國人不信因果，甚或嘲笑因果。認為誠實就是傻瓜，作惡就是聰明。在這種心態的支配下，便肆無忌憚，胡作非為。即便有法律禁令，他也要鋌而走險：「没抓到算我運氣，抓到了算我倒霉。」可見，社會道德的危機，首先是植根於衆人們道德心態的敗壞，價值觀念的顛倒。

我國傳統道德文化在整飭人們的道德心理方面，是立足於善惡因果報應之上的。諸如「積善之家，必有餘慶；積不善之家，必有餘殃」（《周易》），「君子有三畏：畏天命、畏大人、畏聖人之言」（《論語》），「天網恢恢，疏而不漏」（《老子》）等。善惡因果報應思想，能夠勉勵人們明因慎果，正心誠意，砥礪自己的道德人格。心存「舉頭三尺有神明」的觀念，就會自覺地檢束自己的行爲。甚至自己的舉心動念，也力求充滿善意。可以說，這種個體的「慎獨」精神，就是社會道德的基石，更是社會機制得以良性運轉的保證。

淨宗文化對善惡因果報應給予了更爲透徹的説明，佛陀教化剛强難化的衆生，就是從因果下手的。佛陀常説，由於世間人民的善惡業力不同，果報亦呈複雜格局。但是，善因得善報，惡因得惡報，「萬有因果律」真實不虛。善惡因果報應並不是佛陀爲了嚇唬我們，憑空揑造的勸善之言，而是有其真實的內涵。讓我們來讀一段佛陀的開示：

天地之間，五道分明，善惡報應，禍福相承，身自當之，無誰代者。善人行善，從樂入樂，從明入明；惡人行惡，從苦入苦，從冥入冥。誰能知者，獨佛知耳。教語開示，信行者少，生死不休，惡道不絕，如是世人，難可具盡。⑤

這段經文的大意是：在這個世界上，天、人、畜生、餓鬼、地獄這五道的因果報應，清楚明白。作善得福，造惡得禍，禍福相倚，苦樂相繼，都是自作自受，没有誰能夠替代。善人行善，能夠從快樂進入更殊勝的快樂；從智慧進入更高的智慧。惡人造惡，將會從苦痛加劇到更慘的苦痛；從愚癡滑入更深的愚癡。這些善惡報應，唯有佛才清楚明了。佛苦口婆心地教化衆生，開示因果報應的道理。然而，相信並修行的人少。因而，這些衆生輪轉生死，墮入惡道，無有窮盡。這樣的世人，舉目皆是，無法陳説。

佛陀在指明善惡因果真相後，教誨衆生要受持五戒（不殺生、不偷盜、不邪淫、不妄語、不飲酒），並且要孝養父母，奉事師長。斷惡修善，努力完善自己的人格。

在現實社會，人們所深惡痛絕的邪惡行爲，大多不越出殺、盜、淫、妄以外。

如果有更多的人奉持這五戒（即儒家的仁、義、禮、智、信），我國的社會道德風氣不就會大為改善嗎？

淨宗文化的基本教理之一是：「心淨則土淨。」如果我們每個人都從內心洗滌自己邪惡的垢染，代之以慈悲、忍讓、平等、利他之心，那麼，我們這個社會當下就是「人間淨土」。可見，明信因果是我國道德重建的一塊必不可少的基石。這亦是淨宗文化對重建我國道德文化的積極貢獻所在。

以上，對淨宗文化的歷史和現狀勾勒了一個簡略的輪廓。淨宗文化在現代的命運，是一個很值得探究的問題，希望這篇膚淺的小文，能起到拋磚引玉的效果。

注釋

①、《火與冰——核冬天》邁克爾．羅文——羅賓森，北京，中國人民大學出版社，西元一九九〇年版。

②、《佛說大乘無量壽莊嚴清淨平等覺經》。

③、④、⑤、同上。

一、淨宗緣起

無盡大悲，宣演淨土

放光現瑞，宣演淨宗

爾時世尊①，威光赫奕②。如融金聚，又如明鏡，影暢表裡。現大光明，數千百變。尊者③阿難，即自思惟：今日世尊，色身諸根④，悅豫⑤清淨，光顏巍巍，寶剎莊嚴，從昔以來，所未曾見。喜得瞻仰，生希有心。

即從座起，偏袒右肩⑥，長跪合掌，而白佛言：「世尊今日入大寂定⑦，住奇特法⑧，住諸佛所住⑨，導師之行，最勝之道。去來現在佛佛相念，爲念過去未來諸佛耶？爲念現在他方諸佛耶？何故威神顯耀，光瑞殊妙乃爾⑩，願爲宣說。」

於是，世尊告阿難言：「善哉善哉！汝爲哀愍利樂諸衆生故，能問如是微妙之義；汝今斯問，勝於供養一天下⑪阿羅漢⑫、辟支佛⑬，布施累劫諸天人民，蜎飛蠕動⑭之類，功德百千萬倍。何以故？當來諸天人民，一切含靈⑮，皆因汝問而得度脫故。」

《佛說大乘無量壽莊嚴清淨平等覺經》

說明：釋迦牟尼佛觀見衆生機緣成熟，便欲開導淨土法門，所以，放光現瑞。阿難喜悅啓問，佛陀回答，於是演出這個「難信易行」的念佛求生西方淨土的法門。

注釋：①世尊：佛的十種尊號之一，意指佛陀具有萬德，為世人所尊重。②赫奕：明耀盛大。③尊者：智慧福德俱尊的人。阿羅漢的尊稱。④色身諸根：指色相身的眼、耳、鼻、舌、身五根。⑤悅豫：愉悅快樂。⑥偏袒右肩：袈裟被體，袒露右肩，表極端的恭敬。⑦大寂定：如來所入的禪定——究竟寂靜的境界。⑧奇特法：佛陀所證得的法，超世絕倫。⑨住諸佛所住：涅槃常果，諸佛同住。⑩乃爾：如此。⑪一天下：四大部洲之一。例如南贍部洲。⑫阿羅漢：小乘的最高果位。斷盡一切煩惱，得盡智而受世間大供養之聖者。⑬辟支佛：又稱緣覺。聞因緣法而得悟道，故名。又稱獨覺，性好寂靜，自然獨悟，因名獨覺。⑭蜎飛蠕動：泛指

語譯：就在那時，釋迦牟尼佛跏趺而坐。全身與頭頂都放出光明，雄猛有威儀，明耀盛大，如同熔化的黃金匯聚在一起。佛身又如同明鏡，身心淨潔，內外映徹，並且光的形色不停地轉換變化。光中有色，色中有光，互相轉換，殊勝無比。

尊者阿難看到佛今日所示現的瑞相，便自思惟：世尊在今日的法會上，眼、耳、鼻、舌、身五根，顯得十分的歡樂愉快，而且非常清淨。世尊的德容顯耀光明，高大尊勝，佛光中映現諸佛的莊嚴寶剎。這樣殊勝的瑞相，是我從過去到現在所沒有見過的。今天我高興地瞻仰到佛陀的這種瑞相，從內心生起前所未有的至誠恭敬心。

於是，阿難從座而起，站起來把袈裟披好，偏袒右肩，長跪在地，合掌向佛恭敬啓問：「世尊今日入甚深的禪定，安住在諸佛所共住的涅槃妙果中，導引衆生趣向佛道。十方三世（過去、未來、現在）一切諸佛相互憶念。所以，弟子推測世尊必定正在念佛。但不知您是念過去佛呢？還是念未來佛？或是念現在他方世界的佛？要不是佛在念佛，爲什麼佛現在的威神是這樣明朗光耀？所放光明是這樣的明潔、祥瑞、殊勝、微妙呢？請求世尊爲我們慈悲宣說。」

世尊於是回答阿難：「你問得太好了！太好了！你是慈悲憐憫衆生，要一切衆生離苦得樂，所以才能問這樣殊勝微妙的問題。你今日提問的功德，勝過供養一天下（全地球）的阿羅漢、辟支佛的功德，也勝過多劫布施全球這一切人天及各種生物的功德。並且，提問的功德勝過前二者功德的百倍、千倍、萬倍。爲什麼有這麼大的功德呢？因爲你這一問引出佛的回答（淨土法門）。從這以後的一切衆生，都會由於你的這一問而度脫生死。」

欲拯羣萌，惠以真實之利

阿難！如來以無盡大悲，矜哀三界①，所以出興於世。光闡道教，欲拯羣萌，惠以真實之利。難值難見，如優曇花②希有出現，汝今所問，多所饒益。

阿難當知！如來正覺，其智難量，無有障礙。能於一念頃住無量億劫，身及諸根無有增減，所以者何？如來定慧，究暢無極；於一切法，而得最勝自在故。阿難諦聽，善思念之！吾當爲汝分別解說。

《佛說大乘無量壽莊嚴清淨平等覺經》

說明：此章顯示如來出現世間的本懷，以無有窮盡的大悲心，救度一切衆生。宣示淨土法門，廣惠衆生。得聞這個法門，眞是「無量劫來希有難逢之一日」。

注釋：①三界：欲界、色界、無色界。②優曇花：一譯靈瑞花。葉似梨，果大如拳，味甘，無花而結子，開花時短，難遇到。

語譯：阿難！如來以無有窮盡的大悲心，憐愍三界的一切衆生，所以就在人世間應現。廣宣無上菩提的教法，救度一切衆生，惠施衆生以眞實的利益。佛陀的眞實教法，難遇難見；如優曇花希有難逢。今日因你的提問，得以將這個法門和盤托出，普利衆生。

阿難你要曉得，如來正覺的智慧難以測量，通達一切法，無有阻礙。在一刹那間能夠住無量億劫，而身根、眼根、耳根、鼻根、舌根都沒有增減。爲什麼會有這樣殊妙的功德呢？因爲如來的禪定智慧，究竟通暢，沒有極限。對世間與出世間的一切法，都證得了最殊勝的自在。阿難你好好聽啊！要深入善巧去思念。我現在爲你一一詳細解說。

直指西方佛國

爾①時佛②告長老③舍利弗④：「從是西方過十萬億佛土⑤，有世界名曰極樂⑥，其土有佛，號阿彌陀⑦，今現在說法。

《佛說阿彌陀經》

說明：佛說諸經，大都是應弟子的啓請，方爲宣演。此經是佛不請自說，淨土法門下手易而成就高，甚深難信。佛以大悲出此一門，度脫衆生，唯恐不及，故不待請。另淨土法門，超情離見，弟子亦無法啓問。

注釋：①爾：那。②佛：Buddha 佛陀之略。此云覺者，或智者。③長老：對釋迦上首弟子的尊稱，或為住持僧的尊稱。④舍利弗：佛的常隨弟子，智慧第一。⑤佛土：佛所教化的領土，三千大千世界，通常為一佛所化之土。⑥極樂：sukhā 諸事具足圓滿，惟有樂而無苦。梵語須摩提，阿彌陀佛的國土亦名安養、安樂、清泰等。⑦阿彌陀：Amita 譯為無量，亦稱無量壽、無量光，西方極樂世界的教主。

語譯：在那個時候，佛告訴長老舍利弗道：「從我們這個世界，一直向西方去，經過十萬億個佛土，另外有一個佛國，叫做極樂世界。那個西方極樂世界裡頭，有一尊佛，名叫阿彌陀佛，現正在那裡演說佛法。」

其土有佛，號阿彌陀

善男子！於此西方，有一世界，名曰安樂；其土有佛，號無量壽，於今現在，常為衆生，講宣正法。

《大方等大雲經》

語譯：佛說：「善男子！在這個世界的西方，有一世界，名叫安樂；那個安樂世界有一尊佛，號無量壽佛。於今現在，常為衆生，演講宣說正法。」

念佛生淨土，無畏成菩薩

佛告父王：「一切衆生，皆即是佛，汝今當念西方世界阿彌陀佛，常勤精進，當得佛道。」王言：「一切衆生云何是佛？」佛言：「一切法無生，無動搖，無取捨，無相貌，無自性。可於此佛法中，安住其心，勿信於他。」爾時父王與七萬釋種，聞說是法，信解歡喜，悟無生忍①，佛現微笑，而說偈曰：「釋種決定智，是故於佛法，決信心安住，人中命終已，得生安樂國，面奉阿彌陀，無畏成菩薩。」

《寶集經》

注釋：①無生忍：安住於不生不滅的真如理體而不動，是七地以上菩薩所證的境界。

語譯：佛告訴父親淨飯王：「一切眾生本來是佛，你如今應當念西方極樂世界阿彌陀佛，恒常勤勉精進，便能證得佛道。」淨飯王問：「爲什麼說一切眾生都是佛呢？」佛說：「一切法沒有生滅，沒有動搖，沒有取捨，沒有相貌，沒有自性。你們可以在這佛法中，安住自己的心性，堅定信念，不要相信外道。」那時，淨飯王與七萬釋迦族人，聽到這些法語，信受、理解，生大歡喜心，悟入不生不滅的眞如自性。佛現微笑，而說偈曰：「釋迦族人有廣大決定智慧，所以對於佛法，定能生起信心，安住正信而修行。在人道中命終後，能夠生到西方極樂世界，面覲阿彌陀佛，以無畏心成就菩薩果。」

彌陀現淨土，釋迦現穢土

往昔劫中，有轉輪王①，名無諍念。大臣名寶海，爲善知識②。同於寶藏佛所，發菩提心。無諍念發願云：「我修大乘，取於淨土，終不願於穢土，成阿耨多羅三藐三菩提③；世界衆生無諸苦惱，我不得如是佛刹，乃不成正覺。」今既果滿，號阿彌陀，故現淨土。寶海大臣願於穢土成熟有情，今已果滿，號釋迦牟尼佛。於此濁惡世中成佛菩提。

《悲華經》

注釋：①轉輪王：四洲之主，身具三十二相，即位時，從天感得輪寶。輪有金銀銅鐵四種，依其次第統領四、三、二、一之大洲。②善知識：化導衆生入善道，成正覺的人。③阿耨多羅三藐三菩提：無上正等正覺。

語譯：往昔劫中，有一轉輪王出世，名無諍念。他有一個大臣名叫寶海，是善知識。二人同在寶藏佛那裡，發菩提心。無諍念王的發願是：「我修大乘佛法，擇取淨土，終不願在穢土成就無上正等正覺，我淨土中的衆生沒有一切苦惱，如我得不到這樣的佛剎，便不成佛。」如今無諍念王的道果圓滿，號阿彌陀，所以示現淨土。寶海大臣發願在穢土成熟有情衆生，如今也已經道果圓滿，號釋迦牟尼佛，在這濁惡世中成就佛道。

託生蓮花座，淨眼睹諸佛

聞是經典，如說修行，於此命終，即往安樂世界阿彌陀佛?大菩薩圍繞住處，生蓮華中寶座之上，得菩薩神通無生法忍，得是忍已，眼根清淨。以是清淨眼根，見七百二千億那由他①恒河沙等諸佛如來。《妙法蓮華經》

注釋：①那由他：數目名，譯作億。

語譯：聽聞到這部《妙法蓮華經》，遵循佛的教誨去修行。在這世命終後，即得往生到阿彌陀佛西方極樂世界。在那裡，大菩薩圍繞住所。託生在蓮花中的寶座上，證得菩薩的神通自在和見法無生、心智寂滅的無生法忍。證得無生法忍後，眼根清淨。以這清淨的眼根，能夠睹見七百二千億億恒河沙等一切諸佛如來。

西方淨土，易往易取

佛告目連：「譬如萬川長流，有浮草木；前不顧後，後不顧前，都會大海，世間亦爾。雖有豪貴富樂自在，悉不得免生、老、病、死。只由不信佛經，後世為人，更甚困劇。不得生千佛國土。是故我說無量壽國，易往易取；而人不能修行往生，反事九十六種邪道，我說是人，名無眼人，名無耳人。」《目連所問經》

語譯：佛告大目犍連：「譬如在萬條江河的流水中，飄浮著草木；這些草木前不顧後，後不顧前，全都滙入大海。世間的事也同樣如此。雖有豪貴富樂自在，但都不免生、老、病、死。那些人由於不信佛經，後世轉為人身，更加困頓疾苦，不能夠生到千佛國土中。所以，我宣說阿彌陀佛國，容易往生，容易修持。然而，許多人不能修行往生阿彌陀佛的淨土，反倒信奉九十六種邪道。我說這種人，名叫無眼人，名叫無耳人。」

法藏比丘的因地修行

捐棄王位，出家修道

過去無量不可思議無央數劫①，有佛出世，名世間自在王如來②、應供③、等正覺④、明行足⑤、善逝⑥、世間解⑦、無上士⑧、調御丈夫⑨、天人師⑩、佛⑪、世尊。在世教授⑫四十二劫，時爲諸天及世人民，說經講道。有大國主，名世饒王，聞佛說法，歡喜開解；尋發無上真正道意。棄國捐王，行作沙門⑬，號曰法藏。修菩薩道，高才勇哲，與世超異；信解明記，悉皆第一。又有殊勝行願，及念慧力，增上其心，堅固不動；修行精進，無能逾者。《佛說大乘無量壽莊嚴清淨平等覺經》

說明：此章追述阿彌陀佛因地發心修道的因緣，棄捨王位，出家修行，名叫法藏比丘。盛贊其出家後修行之德。

注釋：①無央數劫：又名阿僧祇劫，表極長的時間。劫有芥城劫、磐石劫、人壽劫三說。②如來：乘真如之道示現世間。③應供：福慧圓成應受大眾的供養。④等正覺：等同一切無上正等正覺。⑤明行足：智慧戒行圓滿。⑥善逝：入無上涅槃。⑦世間解：通曉世間一切事相。⑧無上士：士人中最超勝者。⑨調御丈夫：調伏制御一切眾生，令離垢染，得大涅槃。⑩天人師：天上人間的老師。⑪佛：覺者。自覺覺他，覺行圓滿名佛。⑫教授：教法授道。⑬沙門：意指勤息，原為出家人的通稱（包括外道）。後來作為佛教僧侶的專稱。

語譯：過去久遠無量不可思議無盡數大劫時，有一尊佛示現在世間，德號是世間自在王如來、供應、等正覺、明行足、善逝、世間解、無上士、調御丈夫、天人師、佛、世尊。那尊佛住世弘法共有四十二劫，經常給諸天及其世間的民眾，講經授道。當時有一個大國王，名叫世饒王，聽了世間自在王佛講經說法後，頓時心開意解，生大歡喜。隨即生發無上菩提心，捐棄王位，離俗出家，做了沙門，法名叫法藏。修持自利利他的菩薩道，才能過人，勇猛精進，心明智哲，資質卓異，信解行證，無與倫比。又具備殊勝的行願，及其念力和慧力，用來增進菩提心。堅固不動，修行精進，無人可及。

取願作佛，恭敬請法

法藏比丘白佛言：「我今為菩薩道，已發無上正覺之心，取願作佛，悉令如佛。願佛為我廣宣經法，我當奉持，如法修行；拔諸勤苦生死根本，速成無上正等正覺。欲令我作佛時，智慧光明，所居國土，教授名字，皆聞十方；諸天人民及蜎蠕類，來生我國，悉作菩薩。我立是願，都勝無數諸佛國者，寧可得否？」

《佛說大乘無量壽莊嚴清淨平等覺經》

說明：法藏比丘發菩提心，祈結大願，恭請世間自在王如來演說經法。

語譯：法藏比丘向世間自在王佛恭敬請法：「現在我行菩薩道，已經發了無上正等正覺的心，我願自己成佛，願自己的一切行持都同佛一樣。所以請佛大開方便為我廣說經法，我一定會信受遵奉，如法修行。為了拔掉自己與眾生長久極苦的生死根本，快速成就佛果。所以我願望：當我成佛的時候，自己的智慧光明、所居的國土、自己的教化與名號，都能夠遍傳十方世界；並願一切眾生，生到我的佛國都成爲菩薩。我立了這樣的願，要勝過無數諸佛的國土，不知能不能滿願？請佛垂訓。

修習五劫，成就西方極樂世界

世間自在王佛知其高明，志願深廣，即爲宣說二百一十億①諸佛刹土功德嚴淨、廣大圓滿之相；應其心願，悉現與之。說是法時，經千億歲。

爾時法藏聞佛所說，皆悉睹見，起發無上殊勝之願。於彼天人善惡、國土粗妙，思惟究竟，便一其心。選擇所欲，結得大願。精勤求索，恭慎保持。修習功德滿足五劫，於彼二十一俱胝②佛土功德莊嚴之事，明了通達，如一佛刹，所攝佛國，超過於彼。

《佛說大乘無量壽莊嚴清淨平等覺經》

說明：世間自在王佛接受弟子法藏比丘的祈請，爲其廣宣經法。法藏比丘依法精勤修習了五大劫。建立了殊勝莊嚴的西方極樂世界，慈悲功德不可思議。

注釋：①二百一十億：指十方無量的佛刹，②俱胝：即千萬。

語譯：世間自在王知道法藏菩薩智慧卓異，志願深切廣大。於是，佛便爲法藏菩薩宣說十方無量佛刹莊嚴清淨、廣大圓滿的無邊妙相。爲了滿足法藏菩薩的心願，還以佛力將十方佛刹的景象顯示出來。說法的時間，經過千億歲。

當時，法藏菩薩聽聞到佛的說法，並蒙佛的威神加被之力，對十方佛刹的境相全都目睹心明。便發起了無上超絕希有的大願，對於所目睹的一切世界中的善與惡，以及國土的妙與粗，一一思考比較。對它們的因果得失，深入思惟，徹底窮盡根源。法藏菩薩專志一心，在所見的諸佛刹中，只選擇度化衆生所必須的純善，這樣來形成大願。

法藏菩薩爲了圓滿大願，勇猛精進，勤勞辛苦，專志成就大願。對於大願恭敬謹慎，一心專注，念念不異，自然奉持。這樣思惟修行了五大劫。對於十方無量佛刹的種種莊嚴功德，全都洞察明了，通達奧妙。於是，捨其粗惡，廣選善妙，結成心願。法藏菩薩所攝護的佛國，如同一眞法界（無差別淨土）超勝十方無量諸佛的刹土。

以名號度衆生

我若成正覺　立名無量壽
衆生聞此號　俱來我刹中
如佛金色身　妙相悉圓滿
亦以大悲心　利益諸羣品
離欲深正念　淨慧修梵行

《佛說大乘無量壽莊嚴清淨平等覺經》

說明：這個偈頌是法藏菩薩在世間自在王如來前秉說四十八願後，又以偈語表達自己的行願，並請佛證明。

語譯：

如我將來成佛的時候，
佛的名號叫做無量壽。

一切衆生只要聽到我的名號，
如法修行，就都會生到極樂國土。
一生到這裡，便具足如佛的金色身，
也發起如佛的大悲普度的心願，
願度一切衆生共生極樂世界。
自己遠離世間情欲，深入正念，
用清淨的智慧，勤修無欲的諸行。

爲衆開法藏，廣施功德寶

願我智慧光　普照十方剎
消除三垢冥①　明濟衆厄難
悉捨三途苦②　滅諸煩惱暗
開彼智慧眼　獲得光明身
閉塞諸惡道③　通達善趣門
爲衆開法藏　廣施功德寶

說明：此偈是法藏比丘向世間自在王如來所述。

注釋：①三垢：即貪、瞋、痴。②三途：畜生、餓鬼、地獄三惡道。③惡道：此處惡道廣指六道，即天、人、阿修羅、畜生、餓鬼、地獄

語譯：

但願我無量的智慧光明，
普照到十方無邊的佛剎。
消除從貪、瞋、癡三種垢染所產生的冥暗，
救濟種種的苦厄和災難。
讓一切眾生都捨離三惡道的劇苦，
滅除種種煩惱所結成的黑暗。
開發眾生心中本具的智慧眼，
開證得如來的光明清淨法身。

要把一切通到惡道的道路堵住，
打開往生極樂世界決定成佛的大門。
開顯衆生本具的如來智慧德相，
廣施這信願持名往生淨土的眞實法寶。

勇猛精進，建構淨土

法藏比丘，於世間自在王如來前，及諸天人大衆之中，發斯宏誓願已，住眞實慧①，勇猛精進，一向專志莊嚴妙土。所修佛國，開廓廣大，超勝獨妙，建立常然②，無衰無變。於無量劫，積植德行；不起貪、瞋、癡、欲諸想，不著色、聲、香、味、觸、法，但樂憶念，過去諸佛所修善根，行寂靜行，遠離虛妄。依眞諦③門，植衆德本。不計衆苦，少欲知足，專求白法④，惠利羣生。志願無倦，忍力成就。於諸有情，常懷慈忍。和顏愛語，勸諭策進。恭敬三寶⑤，奉事師長，無有虛僞諂曲之心。

《佛說大乘無量壽莊嚴清淨平等覺經》

注釋：①真實慧：即真如、實相、自性、佛性、自性清淨等理體的照用。②常然：恒常如是。③真諦：又名勝義諦、第一義諦。聖智所見涅槃寂靜真實之理。④白法：指善法。⑤三寶：佛、法、僧。

語譯：法藏比丘在世間自在王如來前，及參與法會的天人大眾之中，發了以上的弘深誓願後。自己便安住在眞實智慧之中，勇猛無所畏懼，精進修持，一心一意莊嚴自己的淨妙國土。經過多劫的積功累德，所修成的佛國，開通無礙，廣大無邊，殊勝超衆，微妙無比，安然建立，永劫常然，永無任何衰壞異變。

法藏比丘於長劫中積累培植種種具足功德的行業；心中不起貪、瞋、癡、欲諸妄想，也不貪著色、聲、香、味、觸、法六塵。一心所樂只是憶佛善根，念佛名號。同時深入寂滅爲樂的無上寂靜，入無餘涅槃的妙行。遠離虛妄、一切惡事的根本，以第一義諦的法門勤修萬德的根本。不去計較種種苦諦的干擾，對於生活沒有貪求，少欲知足。專求一切善法，功德普施一切衆生。於所發的誓願，永遠沒有厭倦。堅決剛毅，得成於忍。對於一切衆生，心中時常懷想的是大慈與安忍。待人和顏悅色，勸勉策進衆生悟入佛的知見。自己永遠恭敬佛、法、僧三寶，尊重奉事師長，待人接物，沒有絲毫虛偽諂曲的心。

自行化他，軌範人天

莊嚴眾行，軌範具足。觀法如化，三昧常寂。善護口業，不譏他過；善護身業，不失律儀；善護意業，清淨無染。所有國城、聚落、眷屬、珍寶，都無所著。恒以布施、持戒、忍辱、精進、禪定、智慧，六度之行，教化安立眾生，住於無上真正之道。

《佛說大乘無量壽莊嚴清淨平等覺經》

語譯：法藏菩薩以福德和智慧來莊嚴自己的一切行持，其言教堪成大眾的模範。他照見一切諸法如幻如化，安住在不生不滅的寂定中。善護口業，不譏別人的過失；善護身業，嚴守淨戒，不犯威儀；善護意業，清淨無染。對於所有的國城、聚落、眷屬、珍寶，都不貪戀執著。常恒以布施、持戒、忍辱、精進、禪定、智慧六度的行持，教導度化眾生。使一切有緣眾生都能安住在無上眞正之道，進到涅槃彼岸。

感得妙果，饒益衆生

由成如是諸善根故，所生之處，無量寶藏自然發應。或爲長者居士、豪姓尊貴，或爲刹利①國王、轉輪聖帝②，或爲六欲天主③乃至梵王④。於諸佛所，尊重供養，未曾間斷，如是功德，說不能盡。身口常出無量妙香，猶如栴壇⑤、優鉢羅華⑥；其香普熏無量世界。隨所生處，色相端嚴，三十二相、八十種好悉皆具足。手中常出無盡之寶、莊嚴之具、一切所須最上之物，利樂有情。由是因緣，能令無量衆生，皆發阿耨多羅三藐三菩提心。

《佛說大乘無量壽莊嚴清淨平等覺經》

注釋：①剎利：又名剎帝利，印度四姓之第二，屬王家貴族。②轉輪聖帝：身具三十二相，即位時從天感得輪寶。輪寶有金、銀、銅、鐵四種，依次統領四、三、二、一的大洲。③六欲天主：即欲界六天的天主。六天是：四天王天、忉利天、夜摩天、兜率天、化樂天、他化自在天。④梵王：即大梵天王，梵天總指色界十八天。⑤栴壇：印度香木的名稱，我國所無，譯為與樂。⑥優鉢羅華：譯為青蓮花，其花香氣芬馥。

語譯：由於法藏比丘成就了這樣種種的善果，所以，他所出生的處所，無量儲存妙寶的倉庫便感通化現，自然開發。他或是年高而有財富的長者、或是守道自恬的居士、或是出身名門大族、或是高官顯宦、或是出身王家貴族、或是國王大臣、或是統領四大洲的轉輪聖帝，或是欲界六天的天主，甚至或是大梵天王。由於法藏比丘所修無量功德，無論以何種身份應現在世間，都常常能遇到佛，尊重供養佛，未曾間斷；這樣種種的功德無量無邊，說不能盡。

法藏菩薩的身體與口中常常散出微妙的幽香，香味很像栴檀和青蓮花的芬香；這些香味能遍熏到無量世界。他不論生在何處，都是容色端正莊嚴，具足三十二相、八十種隨形好。而且手中常常流出無盡的珍寶、莊嚴的供具，及其種種所須的上妙物品，用來普遍地饒益衆生。由於以上種種殊勝的因緣，能令無量衆生發起無上菩提心。

成就佛淨土，說法度衆生

佛告阿難：「法藏比丘，修菩薩行，積功累德，無量無邊。於一切法而得自在。非是語言分別之所能知。所發誓願圓滿成就，如實安住①，具足莊嚴、威德、廣大、清淨佛土。」阿難聞佛所說，白世尊言：「法藏菩薩成菩提者，爲是過去佛耶？未來佛耶？爲今現在他方世界耶？」世尊告言：「彼佛如來，來無所來，去無所去，無生無滅，非過、現、未來。但以酬願度生，現在西方，去閻浮提②百千俱胝那由他佛剎，有世界名曰極樂。法藏成佛，號阿彌陀。成佛以來，於今十劫。今現在說法，有無量無數菩薩、聲聞之衆，恭敬圍繞。」《佛說大乘無量壽莊嚴清淨平等覺經》

注釋：①如實安住：安住諸法實相。②閻浮提：又名南贍部洲，在須彌山的南面，即我們所居的世界。

語譯：佛告阿難：「法藏比丘修菩薩所修的六度萬行，廣積種種功德。對於一切法都能通達自在，沒有阻礙。法藏菩薩所證的果覺，不是衆生以思量分別、語言分別的妄心所能理解的。法藏菩薩過去所發的四十八願，全部圓滿實現，所建的西方佛剎安住在眞如法性中，微妙、莊嚴、威德、廣大、清淨、種種妙好，無不具足。」

阿難聽佛說完以上開示，就問佛：「法藏菩薩成就了佛果，那麼，他是過去佛呢？未來佛呢？還是他方世界中的現在佛呢？」世尊回答：「那尊佛的法身遍一切處，從沒有所來的地方而來，向沒有所去的地方而去，無聲無滅，沒有過去、現在、未來三世的差別。只是爲了實踐其度化衆生的本願，那尊佛才方便示現在距我們這個世界十萬億佛土的西方，國名叫極樂世界。法藏菩薩已究竟成佛，佛號阿彌陀。阿彌陀佛成佛到現在，一共有十大劫了。當下正在給衆生講經說法。極樂世界本土有無量無數的菩薩、聲聞大衆，都圍繞在阿彌陀佛的座下，恭敬聽法。」

阿彌陀佛的開示

佛語梵雷震①　八音暢妙聲②
十方來正士　吾悉知彼願
志求嚴淨土　受記當作佛③
覺了一切法　猶如夢幻響
滿足諸妙願　必成如是剎
知土如影像　恒發弘誓心

究竟菩薩道　具諸功德本
修勝菩提行　受記當作佛
通達諸佛性　一切空無我
專求淨佛土　必成如是剎

《佛說大乘無量壽莊嚴清淨平等覺經》

說明：十方世界諸大菩薩，深慕淨土，皆到極樂世界禮拜供養阿彌陀佛，聽受經法。阿彌陀佛憫念來者，慈悲宣說上妙法。

注釋：①梵：梵音，佛音清淨，所以稱為梵音。②八音：如來的音聲具有八種功德，即：響、徹、清、柔、哀、亮、和、雅。③受記：從佛受當來必當作佛的記。

語譯：

阿彌陀佛梵音清遠，猶如雷震；
以八種清雅音聲演暢妙法。
十方世界滙聚這裡的大菩薩，

我（阿彌陀佛自稱）悉知你們的心願。
你們志求莊嚴的清淨的佛土，
冀望得到佛的受記而圓滿佛果。
了知世出世間一切法，
如夢如幻，如空谷回響。
你們必定能滿足所有的妙願，
成就如西方淨土一樣的佛刹。
了知佛土也像物的影像，空無所有；
仍恒發濟度衆生的弘深誓願。
從願導行，圓成菩薩六度萬行，
窮盡心源，安住法身，具諸功德莊嚴。
修習無比殊勝的菩薩道，
得佛的受記而究竟成佛。
通達明了一切法的實性，
因緣合成，體不可得。

你們專志念佛求生西方淨土。
必定成就像西方極樂世界一樣的佛刹。

阿彌陀佛的四十八大願

國無惡道願

我若證得無上菩提，成正覺已，所居佛剎，具足無量不可思議功德莊嚴。無有地獄、禽獸、蜎飛蠕動之類。所有一切衆生，以及焰摩羅界①，三惡道②中，來生我剎，我受法化，悉成阿耨多羅三藐三菩提心③，不復更墮惡趣。得是願，乃作佛；不得是願，不取無上正覺。

《佛說大乘無量壽莊嚴清淨平等覺經》

說明：四十八願是阿彌陀佛建立西方極樂世界的綱領，充分體現出阿彌陀佛度脫衆生的慈悲心。從某種意義上說，阿彌陀佛四十八願乃是整個佛教的眞實核心。

本章攝二願：一、國無惡道願；二、不墮惡趣願。

注釋：①焰摩羅界：即地獄界。②三惡道：又名三途：指畜生、餓鬼、地獄三道。③阿耨多羅三藐三菩提心：無上正等正覺。

語譯：倘若我證得無上菩提，成就佛果後，我所住持的佛土，具足無量不可思議的功德莊嚴。國中沒有三惡道（畜生、餓鬼、地獄）的衆生。我的佛國不但沒有三惡道；甚至從三惡道中來生我國的一切衆生，受了我的經法教化，都能成就無上正等正覺。（到他方世界去度化眾生）也不會再墮三惡道了。假若這個願沒達到，我終不成佛。

身悉金色願

我作佛時，十方世界，所有衆生，令生我剎，皆具紫磨真金色身，三十二種大丈夫相①。端正淨潔，悉如一類。若形貌差別，有好醜者，不取正覺。

《佛說大乘無量壽莊嚴清淨平等覺經》

說明：本章攝三願：三、身悉金色願；四、三十二相願；五、身無差別願。

注釋：①三十二種大丈夫相；這三十二相，又稱大人之相。天竺的國俗認為：具備三十二相的人，在家便是轉輪聖王。出家則能成佛。三十二相即是：1、足安平相；2、千輻輪相；3、手指纖長相；4、手足柔軟相；5、手足縵相；6、足跟滿足相；7、足趺高好相；8、腨如鹿王相；9、手過膝相；10、馬陰藏相；11、身縱廣相；12、毛孔生青色相；13、身毛上靡相；14、身金色相；15、常光一丈相；16、皮膚細滑相；17、七處平滿相；18、兩腋滿相；19、身如獅子相；20、身端直相；21、肩圓滿相；22、四十齒相；23、齒白齊密相；24、四牙白淨相；25、頰車如獅子相；26、咽中津液得上味相；27、廣長舌相；28、梵音深遠相；29、眼色如紺青色相；30、眼睫如牛王相；31、眉間白毫相；32、頂成肉髻相。

語譯：我成佛時，十方世界所有來生我佛剎的眾生，都具有像佛一樣的眞金色身；具足三十二種大丈夫相，國中的一切眾生，容貌形色全都端正淨潔，等同一類。倘若形貌有美醜的差別，我終不成佛。

宿命通願

我作佛時，所有衆生，生我國者，自知無量劫時宿命；所作善惡，皆能洞視，徹聽。知十方去來現在之事。不得是願，不取正覺。

《佛說大乘無量壽莊嚴清淨平等覺經》

說明：本章攝三願：六、宿命通願，七、天眼通願。八、天耳通願。

語譯：我成佛時，來生我國的所有衆生，都能夠自己知道自身在過去無量劫以來的宿命以及自己所作的種種善行惡業。對十方世界過去、未來、現在的事情，都能洞見、徹聽。倘若這個願沒達到，我終不成佛。

他心通願

我作佛時，所有衆生，生我國者，皆得他心智①通。若不悉知億那由他②百千佛剎，衆生心念者，不取正覺。

《佛說大乘無量壽莊嚴清淨平等覺經》

說明：本章攝第九願：他心通願。

注釋：①他心智：了知一切眾生內心所想。②那由他：數目名，譯作億。

語譯：我成佛時，所有來生我刹的眾生，都能獲得他心智通。倘若生到這裡的眾生不能全知十方無量佛刹中所有眾生心之所想的話，我終不成佛。

神足通願

我作佛時，所有眾生，生我國者，皆得神通自在，波羅蜜多①。於一念頃，不能超過億那由他百千佛刹，周遍巡歷，供養諸佛者，不取正覺。

《佛說大乘無量壽莊嚴清淨平等覺經》

說明：本章攝二願：十、神足通願；十一遍供諸佛願。

注釋：①波羅蜜多：又名波羅蜜，譯為到彼岸。

語譯：我成佛時，所有來生我刹的衆生，都能獲神通自在，達到如佛一樣究竟圓滿的境地。在一念頃裡，就可超越無量無數的微塵佛刹。周遍巡歷十方世界，供養一切諸佛。倘若這個願沒達到，我終不成佛。

定成正覺願

我作佛時，所有衆生，生我國者，遠離分別，諸根寂靜。若不決定成等正覺，證大涅槃①者，不取正覺。

《佛說大乘無量壽莊嚴清淨平等覺經》

說明：本章攝第十二願：定成正覺願。此願表明阿彌陀佛的本懷，就是爲一切衆生決定成佛。本願是核心五願之一。

注釋：①大涅槃：又譯圓寂。大乘涅槃具足三德：法身德、般若德、解脫德。佛證到涅槃，三德圓滿，阿羅漢只有解脫德。

語譯：我成佛時，所有來生我剎的眾生，遠離一切分別，眼、耳、鼻、舌、身、意六根都寂然安靜。倘若來生我剎的眾生不能決定成就佛道，不能證到大乘涅槃，我終不成佛。

光明無量願

我作佛時，光明無量，普照十方，絕勝諸佛，勝於日月之明千萬億倍。若有眾生，見我光明照觸其身，莫不安樂，慈心作善，來生我國，若不爾者，不取正覺。

《佛說大乘無量壽莊嚴清淨平等覺經》

說明：本章攝二願：十三、光明無量願；十四、觸光安樂願。阿彌陀佛度化眾生的大悲心無邊，也就是光明無邊，佛光可以開顯眾生的性德光明，令眾生離苦得樂。光明無量願是核心五願之一。

語譯：我成佛時，願我的光明無量無邊，普照十方一切世界。所放光明要絕對勝過一切諸佛的光明，要比日月的光超勝千倍、萬倍、億倍。倘若有緣見到我的光明並受到我的光明照觸的衆生，沒有一個不身心安樂、生起慈悲心、廣作善行願生我剎的。倘若這個願沒達到，我終不成佛。

壽命無量願

我作佛時，壽命無量；國中聲聞①天人無數，壽命亦皆無量。假令三千大千世界②衆生悉成緣覺，於百千劫悉共計校，若能知其量數者，不取正覺。

《佛說大乘無量壽莊嚴清淨平等覺經》

說明：本章攝二願：十五、壽命無量願；十六、聲聞無數願。古德說：西方極樂世界一切快樂的根本只在此願。此土壽命短促，彼土壽命無量。壽命無量願是核心五願之一。

注釋：①聲聞：佛的小乘法中的弟子，悟四諦之理，斷見思之惑，而得解脫，最高的果位是阿羅漢。②三千大千世界：是一佛所教化的領域。一小世界，用須彌山做中心，包括日月諸天和地球，叫做一個世界。一千個這樣的世界，叫做小千世界。一千個小千世界叫做中千世界。一千個中千世界叫做大千世界。因為大千世界是三度用千來乘的世界，所以又叫三千大千世界。實際只是一個大千世界，並非是三千個。

語譯：我成佛時，佛的壽命無量，佛剎中無數聲聞天人的壽命都是無量。假令三千大千世界中的所有衆生都成爲辟支佛，以他們的神通力用百劫千劫的時間共同來計算我的壽命及其國中人民的壽命有多長，倘若能夠計算得出來，我終不成佛。

諸佛稱嘆願

我作佛時，十方世界無量剎中無數諸佛，若不共稱嘆我名，說我功德國土之善者，不取正覺。

《佛說大乘無量壽莊嚴清淨平等覺經》

說明：本章攝第十七願：諸佛稱嘆願，今日的衆生之所以能夠聞到淨宗法門，實賴這個願力。本願是核心五願之一。

語譯：我成佛時，十方世界無量佛刹中一切諸佛，假若不都在稱贊我的名號，宣說我的種種殊勝功德，及其國土莊嚴妙好的話，我終不成佛。

十念必生願

我作佛時，十方衆生，聞我名號，至心信樂；所有善根，心心迴向，願生我國；乃至十念，若不生者，不取正覺。唯除五逆①、誹謗正法。

《佛說大乘無量壽莊嚴清淨平等覺經》

說明：本章攝第十八願：十念必生願，此願是阿彌陀佛大願中核心的核心。信願持名，十念必生是阿彌陀佛無上大悲心的具體顯現，是無上智慧所流出的究竟方便。

注釋：①五逆：殺父、殺母、殺阿羅漢、破和合僧、出佛身血。

語譯：我成佛時，十方世界的一切眾生，聽聞到我的名號，就發起至誠無上的信受之心和樂意往生的心。於是就把自己所種的一切善根，念念相續迴向到往生極樂國土，所念佛號，乃至少到只有臨終的十念（平素的十念法亦包括在內），都可以往生。倘若此願不成就，我決不成佛。本願所要除開的唯獨是犯了五惡重罪還有誹謗正法的人。

聞名發心願

我作佛時，十方眾生，聞我名號，發菩提心①；修諸功德，奉行六波羅蜜②，堅固不退，復以善根迴向，願生我國。一心念我，晝夜不斷；臨壽終時，我與諸菩薩眾迎現其前。經須臾間，即生我剎，作阿惟越致③菩薩。不得是願，不取正覺。

《佛說大乘無量壽莊嚴清淨平等覺經》

說明：本章攝二願：十九、聞名發心願；二十、臨終接引願。

注釋：①菩提心：梵語，意為覺心，亦是上求佛道，下化眾生的心。②六波羅蜜：也稱六度，一、布施。二、持戒。三、忍辱。四、精進。五、禪定。六、般若。③阿惟越致：譯為不退轉。七地以上的菩薩所證得。包括：位不退、行不退、念不退。

語譯：我成佛時，十方世界的一切眾生，聽到我的名號，就發起自覺的菩提心。積功累德，奉行六度（布施、持戒、忍辱、精進、禪定、般若），自利利他，堅固不移，永不退轉。並將一切功德眞誠回向，發願來生我的佛刹。一心持念佛號，白天黑夜都沒有間斷，如此求生淨土的人，在臨命終時，我與衆多的大菩薩一齊迎現在這念佛人面前，接引他往生，一刹那間便能生到極樂國土，成爲不退轉菩薩。這願若不成就，我終不成佛。

悔過得生願

我作佛時，十方衆生聞我名號，繫念我國，發菩提心，堅固不退，植衆德本，至心迴向，欲生極樂，無不遂者。若有宿惡，聞我名字，即自悔過，爲道作善，便持經戒，願生我剎；命終不復更三惡道，即生我國。若不爾者，不取正覺。

《佛說大乘無量壽莊嚴清淨平等覺經》

說明：本章攝第二十一願：悔過得生願。作惡的人蒙佛願力加被，也能往生。表明阿彌陀佛四十八願，願願皆爲衆生。

語譯：我成佛時，十方世界的一切衆生，聽聞到我的名號，就專一憶念西方極樂世界依正莊嚴。求生西方淨土的心，堅固不退。種植無量的功德根本（稱念阿彌陀佛），以眞誠心迴向一切功德，發願求生西方極樂世界，沒有一個不滿願的。若有過去世所造的惡業，聞到我的名號，當即懺悔罪過，斷惡修善；增進道心，誦經持戒，發願來生我的剎土。這些衆生臨命終時，不會再墮到三惡道（畜生、餓鬼、地獄）

中，帶業來生我國。倘若這個願不能達到，我終不成佛。

國無女人願

我作佛時，國無婦女。若有女人，聽聞我名字，得清淨信，發菩提心，厭患女身，願生我國；命終即化男子，來我剎土。十方世界諸衆生類，生我國者，皆於七寶池①蓮華中化生。若不爾者，不取正覺。

《佛說大乘無量壽莊嚴清淨平等覺經》

說明：本章攝三願：第二十二、國無女人願；二十三、厭女成男願；二十四、蓮華化生願。

注釋：①七寶池：由七種珍寶所合成的水池。七寶是：金、銀、琉璃、硨磲、瑪瑙、琥珀、珊瑚。

語譯：我成佛時，我的國土之內，沒有婦女。若有女人，聽聞我名字，能得到清淨無染，遠離煩惱過惡的信心，發菩提心，厭惡憂患女身，志願來生我剎。這些女人命終即化男身，生到我的剎土。十方世界種種衆生，凡是生到極樂世界的，都是在七寶池蓮花中化生。倘若此願不能達到，我終不成佛。

天人禮敬願

我作佛時，十方衆生，聞我名字，歡喜信樂，禮拜歸命，以清淨心修菩薩行，諸天世人莫不致敬，壽終之後生尊貴家，諸根無缺，常修殊勝梵行①。若不爾者，不取正覺。

《佛說大乘無量壽莊嚴清淨平等覺經》

說明：本章攝三願：第二十五、天人禮敬願；二十六、聞名得福願；二十七、修殊勝行願。

注釋：①梵行：清淨無欲之行。

語譯：我成佛時，十方世界的衆生，聽到我的名號，就喜歡信受，虔誠禮拜皈依。以清淨心，修持菩薩六度萬行。種種天界及世間的衆生，莫不禮敬這念佛人。若有衆生聽聞到並持念我的名號，命終之後，出生在尊貴之家，容貌身形完好無缺。恒常修持殊勝清淨的梵行。倘若這個願不能達到，我終不成佛。

國無不善願

我作佛時，國中無不善名。所有衆生，生我國者，皆同一心，住於定聚①。永離熱惱，心得清涼；所受快樂，猶如漏盡比丘②。若起想念，貪計身者，不取正覺。

《佛說大乘無量壽莊嚴清淨平等覺經》

說明：本章攝四願：第二十八、國無不善願；二十九、住正定聚願；三十、樂如漏盡願；三十一、不貪計身願。

注釋：①定聚：即正定聚，正知正見，一心不亂。聚有三類：正定聚、不定聚、邪定聚。②漏盡比丘：煩惱斷盡的比丘，如阿羅漢。

語譯：我成佛時，我的佛國中純善無惡，聽不到惡道以及一切不善的名稱。所有來生我刹的衆生，都是平等一心，安住在正定聚中。永離煩惱，心得清涼，猶如

斷盡煩惱的阿羅漢，受樂而無樂想。來生我刹的衆生若起心動念，去貪求留戀執著計較自己的色身，我終不成佛

那羅延身願

我作佛時，生我國者，善根無量，皆得金剛①那羅延②身、堅固之力；身頂皆有光明照耀。成就一切智慧，獲得無邊辯才；善談諸法祕要；說經行道，語如鐘聲。若不爾者，不取正覺。

《佛說大乘無量壽莊嚴清淨平等覺經》

說明：本章攝三願：第三十二、那羅延身願；三十三、光明慧辯願；三十四、善談法要願。

注釋：①金剛：金屬中最堅利者，可以切玉。②那羅延：金剛力士的名號。

語譯：我成佛時，來生我刹的衆生，具足無量的善根，都能得到金剛不壞身，具有堅固牢强的力量。頭頂有圓形頂光，身部有身光，朗照顯耀成就一切的智慧，

獲得無邊的辯才，能夠善巧演說一切顯密甚深的法要。在說經與行道（經行，一邊走一邊念誦）時，音聲像洪鐘一樣的妙好。倘若這個願不能達到，我終不成佛。

一生補處願

我作佛時，所有衆生，生我國者，究竟必至一生補處①。除其本願，爲衆生故，披宏誓鎧②，教化一切有情，皆發信心，修菩提行，行普賢道③；雖生他方世界，永離惡趣。或樂說法，或樂聽法，或現神足④，隨意修習，無不圓滿。若不爾者，不取正覺。

《佛說大乘無量壽莊嚴清淨平等覺經》

說明：本章攝二願：第三十五：一生補處願；三十六、教化隨意願。

注釋：①一生補處：一轉生即補佛位。屬等覺菩薩位。如兜率內院的彌勒大士。②鎧：鎧甲，古代軍人打仗的護身服裝。③普賢道：普賢菩薩的十大行願。④神足：指神通。

語譯：我成佛時，所有來生我剎的衆生，都畢竟成爲一生補處菩薩，一轉生必補佛位。除非酬其救度衆生的本願，用宏深誓願當作鎧甲，降臨種種穢土教化一切有緣衆生，幫助衆生生起信心，令其修菩薩行，奉持普賢菩薩的十大行願。那些倒駕慈航的菩薩，雖然生在他方世界，却永遠不會墮入三惡道。他們或者示現說法的身份教化衆生，或者示現聽法的身份教化衆生，或者示現神通接引衆生，隨其意願修持研習，沒有不得圓滿成就的。倘若這個願不能達到，我終不成佛。

衣食自至願

我作佛時，生我國者，所需飲食、衣服、種種供具，隨意即至，無不滿願，應念受其供養。若不爾者，不取正覺。

《佛說大乘無量壽莊嚴清淨平等覺經》

說明：本章攝二願：第三十七、衣食自至願；三十八、應念受供願。

語譯：我成佛時，生到我國的衆生所需要的一切衣食，以及供佛所須的種種供物，隨著他心中的意念，自然出現在前，沒有不能滿願的。極樂世界中的人一生起供養十方諸佛的念頭，十方諸佛立即應念接受了供養。倘若這個願不能達到，我終不成佛。

莊嚴無盡願

我作佛時，國中萬物，嚴淨光麗，形色殊特，窮微極妙，無能稱量，其諸衆生，雖具天眼，不能辨其形色、光相、名數，及總宣說者，不取正覺。

《佛說大乘無量壽莊嚴清淨平等覺經》

說明：本章攝第三十九願：莊嚴無盡願。

語譯：我成佛時，我佛刹中一切萬物都是莊嚴、清淨、光明、美麗、形與色都殊勝奇特。有美皆備，精妙到極點，對於極樂國土的微妙，沒有人有能力稱揚測度。一些雖具天眼的衆生尚不能辨別極樂世界萬物的形狀顏色、光的相好、名字數目，更何況談總爲宣說西方淨土的概況呢？倘有衆生能夠總爲宣說極樂世界景觀的話，我終不成佛。

無量色樹願

我作佛時，國中無量色樹，高或百千由旬①，道場樹②高四百萬里。諸菩薩中，雖有善根劣者，亦能了知。欲見諸佛淨國莊嚴，悉於寶樹間見，猶如明鏡睹其面像。若不爾者，不取正覺。

《佛說大乘無量壽莊嚴清淨平等覺經》

說明：本章攝二願：第四十、無量色樹願；四十一、樹現佛刹願。

注釋：①由旬：印度的長度單位，一由旬相當於四十里。②道場樹：即菩提樹。

語譯：我成佛時，國中有無量色樹，高度或是幾千里，或是幾萬里。菩提樹高達四百萬里。極樂世界諸多菩薩中，雖有善根陋劣的，也能了知樹德高遠，獲得眞實利益。極樂世界的菩薩欲見十方諸佛種種國土的清淨莊嚴，不用離開本國，就在寶樹之間明晰見到，就像從明潔的鏡子，看到自己的面像一樣。倘若此願不達到，我終不成佛。

徹照十方願

我作佛時，所居佛刹，廣博嚴淨，光瑩如鏡。徹照十方無量無數不可思議諸佛世界；衆生睹者，生稀有心。若不爾者，不取正覺。《佛說大乘無量壽莊嚴清淨平等覺經》

說明：本章攝第四十二願：徹照十方願。

語譯：我成佛時，我所住持的佛刹，寬闊廣大、莊嚴清淨，國土猶如鏡子一樣的光潔明亮，可以照到十方無量無數不可思議的諸佛世界。一切生到極樂世界的衆生，如果看到極樂世界這種徹照十方國土不可思議的功德之相，都會生起最難得的稀有心。倘若此願不達到，我終不成佛。

寶香普熏願

我作佛時，下從地際，上至虛空，宮殿樓觀、池流華樹，國土所有一切萬物，皆以無量寶香合成，其香普熏十方世界。衆生聞者，皆修佛行。若不爾者，不取正覺。

《佛說大乘無量壽莊嚴清淨平等覺經》

說明：本章攝第四十三願：寶香普熏願。

語譯：我成佛時，國中從地面到虛空，其中所有的宮殿、樓觀、寶池流泉，種種寶樹以及其他所有的一切萬物，都是用無量的寶香所合成。這些寶香普熏十方世界。十方世界的衆生只要聞到極樂世界的妙香，自然身心清淨，修習佛所教導的種種勝行，倘若此願不達到，我終不成佛。

普等三昧願

我作佛時，十方佛刹諸菩薩衆，聞我名已，皆悉逮得清淨、解脫、普等三昧①，諸深總持②，住三摩地，至於成佛。定中常供無量無邊一切諸佛，不失定意。若不爾者，不取正覺。

《佛說大乘無量壽莊嚴清淨平等覺經》

說明：本章攝二願：第四十四、普等三昧願；四十五、定中供佛願。

注釋：①普等三昧：普遍平等的三昧。證得普等三昧便能普見一切諸佛。②總持：即陀羅尼，總一切法，持一切義。

語譯：我成佛時，十方佛剎中的菩薩衆，聞到我的名號，都即能得到清淨無染三昧、自在解說三昧和普遍平等三昧。獲得深妙的總持，安住在正定正受中，成就無上正覺。在定中經常供養無量無邊一切諸佛，而不失禪定的意境。倘若這個願不能達到，我終不成佛。

獲陀羅尼願

我作佛時，他方世界諸菩薩衆，聞我名者，證離生法①，獲陀羅尼。清淨、歡喜、得平等②住。修菩薩行，具足德本。應時不獲一二三忍③，於諸佛法，不能現證不退轉者，不取正覺。

《佛說大乘無量壽莊嚴清淨平等覺經》

說明：本章攝三願：第四十六、獲陀羅尼願；四十七、聞名得忍願；四十八、現證不退願。

注釋：①離生法：離生死出輪迴的法門。②平等：諸法實相、法法平等，無二無別。③一二三忍：一、音響忍：由音響而悟道；二、柔順忍：慧心柔軟，隨順真理；三、無生法忍：證無生無滅的實相理體。

語譯：我成佛時，他方世界的菩薩眾，聽聞到我的名號，就可永斷生死輪迴，獲得信願持名的總綱領。聞到名號後身心清淨、喜悅、安住在平等法中。以平等普度之淨土法門自覺覺他，普惠眞實之利。這樣修行自然具足一切佛果功德的根本，當下即可證得三忍（音響忍、柔順忍、無生法忍）。聞到我的名號後，就證不退轉位。倘若這個願不達到，我終不成佛。

淨宗法門是長夜明燈

末法一萬年，念佛得堅固

本師滅度，正法五百年，持戒得堅固；像法一千年，坐禪得堅固；末法一萬年，念佛得堅固。《像法決疑經》

說明：佛教的法運分為三期：正法、像法、末法。按佛的懸記，末法時期唯有念佛法門，才能解脫生死。故自唐代道綽大師以來的淨宗祖師大德，多受末法時期思想的啓發，盛弘淨宗法門。

語譯：本師釋迦牟尼佛滅度後，正法住世五百年，在這期間，奉持戒律可以證得道果。像法住世一千年，在這期間，坐禪修定可以證得道果。末法住世一萬年，在這期間，念佛求生淨土可以證得道果。

佛力加持，能得淨宗法門

若於來世，乃至正法滅時，當有衆生植諸善本，已曾供養無量諸佛；由彼如來加威力故，能得如是廣大法門。攝取受持，當獲廣大一切智智；於彼法中廣大勝解，獲大歡喜，廣爲他說，常樂修行。諸善男子及善女人！能於是法，若已求、現求、當求者，皆獲善利，汝等應當安住無疑。種諸善本，應常修習，使無疑滯，不入一切種類珍寶成就牢獄。

《佛說大乘無量壽莊嚴清淨平等覺經》

語譯：倘若在未來的世紀，甚至佛的正法滅絕，進入像法與末法時，仍有過去生中曾廣修功德，現生還供佛念佛的衆生，這些衆生由於以往多生多劫供養過諸佛，所以，蒙佛的神力加持，今生能夠得到這個無上殊勝的淨宗法門。如教奉行，持名念佛，往生不退，一生成佛。倘若能對淨土妙法得到廣大殊勝的理解，必能歡喜信受，常樂修習，並廣勸他人信受奉行、善男子及善女人！凡是過去已求、現在正求、將來當求這個法門的衆生，都能獲得大利益。你們大家應當老實念佛，勿生疑惑。發菩提心，一向專念，自行化他，斷疑生信。這樣才不會墮在諸天、二乘、邊地、疑城等中。

聞佛號淚出者，非是凡人

如來興世，難值難見；諸佛經道，難得難聞；遇善知識，聞法能行，此亦為難；若聞斯經，信樂、受持，難中之難，無過此難。若有衆生，得聞佛聲，慈心清淨，踴躍歡喜，衣毛為起；或淚出者，皆由前世曾作佛道，故非凡人。若聞佛號，心中狐疑，於佛經語，都無所信，皆從惡道中來，宿殃未盡，未當度脫，故心狐疑，不信向耳。

《佛說大乘無量壽莊嚴清淨平等覺經》

語譯：如來出興在這個世間，難逢難見；一切佛經佛法，難於得到，難於聞到；遇到善知識，聽聞正法，並依教修行，也非常困難；倘若有機緣聽到這部經典，深信、歡喜，更是難中之難，世上沒有比這更難的了。

若有衆生能夠聽到阿彌陀佛的名號，生起慈悲心，清淨心，內心的喜樂形於身口；遍體毛孔開張，汗毛豎立；或是聽到佛號時，情不自禁地流淚，這是由於那些衆生在往昔世中，曾經修行過佛法。所以，他們不是一般凡人。若有衆生聽到阿彌陀佛的名號，狐疑不信，對於佛經佛語，都不能信受。這表明他們來自三惡道，往昔世的殃禍業障還沒有消盡，解脫生死的機緣還沒有成熟。所以，那一類衆生心存狐疑，不能信受淨宗法門。

縱使劫火瀰漫，亦能往生西方淨土

阿逸多①！如是等類大威德者，能生佛法廣大異門；由於此法不聽聞故，有一億菩薩退轉阿耨多羅三藐三菩提。若有衆生，於此經典，書寫、供養、受持、讀誦，於須臾頃爲他演說，勸令聽聞，不生憂惱；乃至晝夜思惟彼刹，及佛功德；於無上道，終不退轉。彼人臨終，假使三千大千世界滿中大火，亦能超過，生彼國土。是人已曾值過去佛，受菩提記，一切如來同所稱贊。是故應當專心信受，持誦說行。

《佛說大乘無量壽莊嚴清淨平等覺經》

注釋：①阿逸多：彌勒菩薩的別稱

語譯：佛告彌勒菩薩：那些大威德菩薩，雖然能夠開顯淨宗以外的種種經論法門，由於沒有機緣聽到這個念佛法門，所以，有一億菩薩退轉無上菩提心。

若有衆生對於這部《佛說大乘無量壽莊嚴清淨平等覺經》能夠書寫、供養、受持、讀誦，在極短的時間內，爲他人演說，勸令衆生聽聞這部經典，使他們不再生起憂惱。並促使他們至心精進，晝夜思惟西方極樂世界的依正莊嚴及其阿彌陀佛的種種功德。永不退轉無上道心。

那些念佛人如能這樣修行，即便這三千大千世界都被劫火所燒，也能從劫火中超出，生到西方極樂世界。因爲那些衆生在過去世，曾領受過佛的菩提記，並曾得到一切如來異口同聲的稱讚。所以，你們應當專心信受淨宗法門，受持讀誦經典，依教奉行。

將此經典付囑彌勒菩薩

佛告彌勒：「我今如理宣說是廣大微妙法門，一切諸佛之所稱贊，付囑汝等，作大守護。爲諸有情，長夜利益。莫令衆生淪墮五趣，備受危苦。應勤修行，隨順我教。當孝於佛，常念師恩，當令是法久住不滅，當堅持之。毋得毀失，毋得為妄，增減經法。常念不絕，則得道捷，我法如是，作如是說。如來所行，亦應隨行，種修福善，求生淨剎。」

《佛說大乘無量壽莊嚴清淨平等覺經》

說明：佛特地將此經付囑彌勒菩薩，令其守護弘演，可知彌勒菩薩下生成佛，必定宣說淨土法門。

語譯：佛告彌勒菩薩：「我今日稱性宣說這個普被羣機、神妙難思、圓成佛道的法門。一切諸佛都宣說這部經典，都稱嘆阿彌陀佛。現在付囑你們大家，依教奉行，廣勸他人，給予六道，生死輪迴中的一切有情衆生眞實的利益。淨宗法門可以幫助一切衆生速離生死，不墮五趣（天、人、畜生、餓鬼、地獄），不再遭致危苦。你們應當遵順佛的教誨，精勤修習，應當尊仰佛陀，報答師恩。應當使這個淨宗妙法長久住世，不令喪失。應當堅固地保持，不可將經典毀失，不得作偽，不可以隨自己的意思，增減改動經法。你們大家應當經常的誦經念佛，淨念相繼。這樣才能成就無上的佛果。我的自行化他的法就是這部經典。所以，我便如實宣示這部經典。你們應當效法如來的行願，精進修習，修善種福，求生西方極樂世界。」

念佛人是佛的第一弟子

佛告慈氏：「汝觀彼諸菩薩摩訶薩善獲利益。若有善男子善女人，得聞阿彌陀佛名號，能生一念喜愛之心，皈依瞻禮，如說修行。當知此人，爲得大利，當獲如上所說功德。心無下劣，亦無貢高，成就善根，悉皆增上。當知此人，非是小乘，於我法中，得名第一弟子。」

《佛說大乘無量壽莊嚴清淨平等覺經》

說明：有人認爲求生淨土是逃避現實，念佛人是自了漢。佛在這裡明白宣示，淨土法門不是小乘，念佛人是佛的第一弟子。

語譯：佛告彌勒菩薩：「你觀見十方世界那衆多的大菩薩，都往生到西方極樂世界，獲得大利益。若有善男子善女人，聽聞到阿彌陀佛的名號，能夠生起一念淨信，生歡喜心，皈依阿彌陀佛、瞻禮阿彌陀佛，依照佛的教誨去修行。當知這些衆生能夠獲得大利益，能夠獲得經中所說的一切功德。這些衆生能夠相信自己的善根，沒有自卑心，也不貢高我慢。他們持名念佛，淨念相繼，一切善根都能日臻成熟。大家應當知道，念佛人不是小乘行人，念佛人是我法中的第一等弟子。

特留此經，止住百歲

吾今為諸衆生說此經法，令見無量壽佛及其國土一切所有，所當為者，皆可求之。無得以我滅度之後，復生疑惑。當來之世，經道滅盡，我以慈悲哀愍，特留此經，止住百歲。其有衆生，值斯經者，隨意所願，皆可得度。

《佛說大乘無量壽莊嚴清淨平等覺經》

語譯：我（佛的自稱）今日為你們大家宣說這部經典和法門，並令你們親眼見到了阿彌陀佛，及其西方極樂世界的景象。為求往生而修行的衆生，只要隨順佛的教誨，一定能夠滿願。不得在我滅度以後，對淨土法門又生起疑惑。

將來佛經佛法滅盡，我以慈悲哀愍，特留這部經典，最後住世一百年。在那最後的百年中，若有衆生遇到這部經典，隨其所願，都能生到西方極樂世界。

七百二十億菩薩往生西方淨土

彌勒菩薩白佛言：「今此娑婆世界及諸佛刹不退菩薩①，當生極樂國土，其數幾何？」佛告彌勒：「於此世界，有七百二十億菩薩，已曾供養無數諸佛，植衆德本，當生彼國。諸小行菩薩②，修習功德，當往生者，不可稱計。不但我刹菩薩等往生彼國，他方佛土亦復如是。」

《佛說大乘無量壽莊嚴清淨平等覺經》

注釋：①不退菩薩：證得不退轉位的菩薩，圓教初地以上，亦稱大行菩薩。②小行菩薩：指圓教十信位菩薩。

語譯：彌勒菩薩向佛叩問：「現在這個娑婆世界及十方一切佛刹的不退菩薩，應當往生西方極樂世界的數量有多少呢？」佛回答彌勒菩薩說：「在這個世界，有七百二十億菩薩已經供養過無數諸佛，廣修菩薩六度萬行，可得往生西方極樂世界。一切小行菩薩，積功累德，可得往生西方極樂世界的人數，無法用數字計算。不但我的刹土中菩薩衆等往生西方極樂世界，他方一切佛刹的菩薩，往生到西方極樂世界的數目，也同樣無法用數字計算。

聞經受持者，皆得諸佛的護念

舍利弗，若有善男子善女人，聞是經受持者，及聞諸佛名者。是諸善男子善女人，皆爲一切諸佛之所護念；皆得不退轉於阿耨多羅三藐三菩提。是故舍利弗，汝等當信受我語，及諸佛所說。《佛說阿彌陀經》

語譯：佛向舍利弗解釋道：若有善男子善女人，聽到這部經典裡頭所說的念佛方法，能夠領受記住，或是聽到這許多佛的名字的，像這許多善男子善女人，都能夠受到十方一切佛的保護，並且常常承一切佛的記念。因爲這個緣故，那些人修行的心，就都能夠永遠不退轉，並且漸漸地得到佛的智慧了。佛又叫舍利弗道，所以你們都應該相信領受我所說的話，以及信受許多佛所說的話。

往昔修福慧，今世聞正法

若不往昔修福慧　　於此正法不能聞

已曾供養諸如來　則能歡喜信此事
惡驕懈怠及邪見　難信如來微妙法
譬如盲人恒處暗　不能開導於他路

《佛說大乘無量壽莊嚴清淨平等覺經》

語譯：

倘若不是以往無量劫中廣修福德智慧，這個淨土法門便無緣聽聞。往昔世中已曾供養無數的如來，方能心生歡喜，信受奉行。

一切濁惡、驕慢、懈怠及具邪見的人，不能相信佛宣示的這個微妙法門。猶如盲人恒常居處暗冥中，自不識途，何能導引他人於正路。

往生的條件

若有善男子、善女人，聞此經典，受持、讀誦、書寫、供養，晝夜相續，求生彼剎。發菩提心，持諸禁戒，堅守不犯。饒益有情，所作善根，悉施予之，令得安樂。憶念西方阿彌陀佛，及彼國土。是人命終，如佛色相，種種莊嚴，生寶剎中，速得聞法，永不退轉。

若有衆生欲生彼國，雖不能大精進、禪定、盡持經戒，要當作善，所謂一、不殺生，二、不偷盜，三、不淫欲，四、不妄言，五、不綺語，六、不惡口，七、不兩舌，八、不貪，九、不瞋，十、不癡。如是晝夜思惟極樂世界阿彌陀佛，種種功德，種種莊嚴，志心皈依、頂禮、供養。是人臨終，不驚、不怖、心不顛倒，即得往生彼佛國土。

若多事物，不能離家，不暇大修齋戒，一心清淨；有空閒時，端正身心，絕欲、去憂、慈心精進，不當瞋怒、嫉妒，不得貪餮慳惜，不得中悔，不得狐疑，要當孝順、至誠、忠信。當信佛經語深，當信作善得福。奉持如是等法，不得虧失，思惟熟計，欲得度脫，晝夜常念，願欲往生阿彌陀佛清淨佛國，十日十夜，乃至一日一夜，不斷絕者，壽終皆得往生其國。

語譯：若有善男子善女人，聽到這部《佛說大乘無量壽莊嚴清淨平等覺經》，信受經語，依教奉行，讀誦、書寫、供養，晝夜相續，求生西方極樂世界。發菩提心，奉行種種禁戒，堅守不犯。盡心盡力，給予衆生以最大的利益。所作的一切善根，全都施與一切衆生，令一切衆生得到安樂。憶念阿彌陀佛及其西方極樂世界的種種依正莊嚴，這人在臨命終時，容貌如佛，並有種種祥瑞，往生到西方極樂世界，速得見佛聞法、圓證三不退（位不退、行不退、念不退）。

若有衆生，發願往生西方極樂世界，雖然由於條件所限，不能專心精進，無暇參禪修定、讀誦經典、奉持禁戒，但應修行十善，即是：一、不殺生，二、不偷盜，三、不淫欲，四、不妄言，五、不綺語，六、不惡口，七、不兩舌，八、不貪，九、不瞋，十、不癡。稱念阿彌陀佛名號，觀想西方極樂世界的種種功德莊嚴：日夜相續，志誠皈命，頂禮供養阿彌陀佛。這人臨命終時，心不驚慌畏怖，意不顛倒，即得往生西方極樂世界。

若有衆生事務繁多，不能離家，沒有時間大修齋戒，但應善用時機，一心清淨；有空閒時，端身正意，斷絕愛欲、放下世間種種憂慮。以慈悲心，精進念佛。不得瞋怒嫉妒、不得貪食慳吝、不得後悔、不得狐疑。應當孝順父母，至誠恭敬佛、菩薩。待人接物，忠信不欺。應當信佛經語深，應當信作善得福，奉持這些善法，不可減損，應當深思熟計了脫生死的方法，日夜常念阿彌陀佛，發願往生到西方淨土。精進念佛十日十夜，乃至一日一夜，佛號不斷，命終都能生到西方極樂世界。

上品往生

十方世界諸天人民，其有至心願生彼國，凡有三輩：其上輩者，舍（捨）家、棄欲而作沙門；發菩提心，一向專念阿彌陀佛；修諸功德，願生彼國。此等衆生，臨壽終時，阿彌陀佛與諸聖衆，現在其前。經須臾間，即隨彼佛往生其國。便於七寶華中，自然化生。智慧勇猛。神通自在。是故阿難，其有衆生，欲於今世見阿彌陀佛者，應發無上菩提之心。復當專念極樂國土，積集善根，應持迴向，由此見佛，生彼國中，得不退轉；乃至無上菩提。

《佛說大乘無量壽莊嚴清淨平等覺經》

說明：修持淨土的人，因爲信願有深淺，發心有大小，持誦有多少，修習有勤惰，所以往生的品類也有無量種。今在無量種品類中，概括爲三品。念佛人往生的品類雖有懸殊，然往生的主因均是「發菩提心，一向專念阿彌陀佛」。這句話是本經的綱宗，往生極樂世界的關鍵。

語譯：十方世界的天人和世人，其中有發至誠心，願意往生西方極樂世界的，共可分爲三輩往生的人，捨（舍）煩惱之家，離棄貪欲，發菩提心一向專念阿彌陀佛；斷惡修善，饒益衆生，發願往生西方極樂世界，這些衆生在臨壽終時，阿彌陀佛與諸聖衆迎現在這念佛人面前，一刹那間，這念佛人便隨阿彌陀佛往生到西方極樂世界，在七寶池蓮花中自然化生。智慧明了銳利，神通自在無礙。所以，阿難！希望在今世見到阿彌陀佛的衆生，應當生發無上菩提心，並且應當專念西方極樂世界的依正莊嚴，努力修善，並以至誠心迴向發願。這樣便可當生見到阿彌陀佛，往生到西方極樂世界，證得不退轉位，乃至成就無上菩提。

中品往生

其中輩者，雖不能行作沙門，大修功德。當發無上菩提心，一向專念阿彌陀佛。隨已修行諸善功德，奉持齊戒①、起立塔像、飯食沙門、懸繒②然（燃）燈、散華（花）燒香，以此迴向，願生彼國。其人臨終，阿彌陀佛化現其身，光明相好，具如真佛。與諸大衆，前後圍繞，現其人前。攝受導引，即隨化佛往生其國。住不退轉，無上菩提。功德智慧，次如上輩者也。

《佛說大乘無量壽莊嚴清淨平等覺經》

注釋：①齋戒：過午不食名持齋，戒譯為禁。②懸繒：以帛造的幡幢懸掛於佛殿。

語譯：中輩往生的衆生，雖然不能捨棄五欲六塵，大修功德。應當發心求生西方淨土，一向專念阿彌陀佛。隨分隨力修善積德。身心清淨，奉行衆戒，遵紀守法，建立道場，供養出家人，懸掛幡幢（廣而告之），燃點燈燭，散花、燒香。將這些功德迴向，發願往生西方極樂世界。這念佛人臨命終時，阿彌陀佛的化身，如同眞佛一樣光明相好，與西方淨土的許多聖衆，前後簇擁顯現在念佛人的面前。這念佛人蒙佛、菩薩的攝受導引，即時隨從彌陀的應化身往生西方極樂世界。一生到西方淨土，即圓證三不退（位不退、行不退、念不退），決定證得無上菩提。在功德智慧方面，中輩往生者比上輩往生者稍遜一等。

下品往生

其下輩者，假使不能作諸功德，當發無上菩提之心，一向專念阿彌陀佛。歡喜信樂，不生疑惑。以至誠心，願生其國。此人臨終，夢見彼佛，亦得往生。功德、智慧，次如中輩者也。《佛說大乘無量壽莊嚴清淨平等覺經》

語譯：下輩往生的眾生，假使不能修行諸善功德，也應當發心求生西方淨土，一向專念阿彌陀佛。無論順境逆境都生歡喜心，深信喜好，對淨土法門不起疑惑，以至誠心發願往生西方極樂世界。這念佛人臨命終時，依稀夢見到阿彌陀佛，也能往生到西方淨土。在功德、智慧方面，下輩往生者比中輩往生者稍遜一等。

念佛者是人中芬陀利華

行此三昧者，現身得見無量壽佛，及二大士。若善男子善女人，但聞佛名，二菩薩名，除無量劫生之罪，何況憶念？

若念佛者，當知此人，則是人中芬陀利華①。觀世音菩薩、大勢至菩薩，爲其勝友，當坐道場，生諸佛家。

《佛說觀無量壽佛經》

注釋：①芬陀利華：即白蓮花。水生花中，芬陀利最為第一。

語譯：修持這念佛三昧的衆生，現身就能見到阿彌陀佛，以及觀世音菩薩、大勢至菩薩。若善男子及善女人，只要聽聞到阿彌陀佛的名號，聽聞到觀世音菩薩與大勢至菩薩的名號，就能除滅無量劫的生死罪業。何況憶念西方三聖，還有什麼惡業不能滅除的呢？

倘若至誠念佛人是人中的白蓮花。觀世音菩薩與大勢至菩薩就是這念佛人的同修勝友。修念佛觀，求生西方淨土，決定能夠速證菩提，圓證佛果。

念佛者是人中妙好人

若念佛者，即是人中好人；人中妙好人；人中上上人；人中希（稀）有人；人中最勝人也。

善導大師：《觀經四帖疏》

語譯：如此念佛的人，即是人中的好人；人中的妙好人；人中的上上人；人中的稀有人；人中最殊勝的人。

大勢至菩薩念佛圓通章

大勢至法王子，與其同倫五十二菩薩，即從座起，頂禮佛足，而白佛言：「我憶往昔恒河沙劫，有佛出世，名無量光。十二如來，相繼一劫。其最後佛，名超日月光。彼佛教我念佛三昧。譬如有人，一專為憶，一人專忘，如是二人，若逢不逢，或見非見。二人相憶，二憶念深，如是乃至從生至生，同於形影，不相乖異。十方如來，憐念眾生，如母憶子。若子逃逝，雖憶何為？子若憶母，如母憶時，母子歷生，不相違遠。若眾生心，憶佛念佛，現前當來，必定見佛，去佛不遠；不假方便，自得心開。如染香人，身有香氣，此則名爲香光莊嚴。我本因地，以念佛心，入無生忍。今於此界，攝念佛人，歸於淨土。佛問圓通，我無選擇，都攝六根，淨念相繼，得三摩地，斯爲第一。」　《大佛頂首楞嚴經》

說明：《首楞嚴經》是一部修證開悟的寶典。經中記載了二十五位聖者實地修持得到證悟的方法。這一章是大勢至菩薩等自述的念佛證得圓通的方法。

語譯：大勢至菩薩與他同修的五十二位菩薩，那時從座位上起立，向釋迦牟尼佛頂禮後自述說：「我記得過去無量數劫以前，有一位無量光佛出世，先後十二位佛，相繼住世教化，達一大劫之久。最後的佛，名爲超日月光。他教我修習念佛三昧。如何叫做念呢？譬如人們，有一人專心憶念思想他，另一個人，卻總是忘懷不想這個想念的人，這樣兩個人，雖然遇見了，也等於沒有相逢。必須要這兩個人，彼此都互相憶念，彼此都相思不忘。日久功深，憶念愈切，不但一生一世，就是經過無數次生死轉世，也就同形影一般，不能分離。十方一切佛憐惜憶念一切衆生，猶如慈母憶念子女一樣。如果兒子自己逃避母愛。遠走他方，慈母儘管在思念兒子，又有什麼用處呢？如果這個兒子想念母親，也同他的慈母想念他一樣，如此母子二人，雖然歷劫多生，也不會遠離散失了。如果衆生心裡眞切地憶佛念佛，即在現生、或者將來，必定可以見佛。我們衆生的心性與佛的法身，並無遠近的距離，用不著假借其他方法，自然可得心開見佛。所以念佛法門，必須要隨時隨地念念不忘。猶如做染香工作的人，日積月累，自然就身有香氣，所以這種方法，叫做香光莊嚴。我開始修習的方法，便是從一心念佛，得入無生法忍的境界。現在轉來這個世界上，教化普攝一切念佛的人，歸到清淨光明的淨土。佛現在問我們修什麼方法，才能圓滿通達佛的果地。我對於六根門頭的修法，並無選擇其利鈍的分別心。只是將六根作用，都歸攝在念佛的一念，這樣念念相續無間，自然就可得到念佛三昧。這才是第一妙法。」

阿彌陀的內涵

天竺①稱阿彌陀，唐翻無量壽、無量光等。一者無量壽，法身如來居法界宮②，不生不滅，是故大日如來③或名無量壽佛。二者無量光，法身如來妙觀察智④光，遍照無量衆生，無量世界，常恒施利益。故大日如來或名無量光佛。是故唱阿彌陀三字，滅無始重罪。

阿字一心平等本初不生義，彌字一心平等無我大我義，陀字一心諸法如如寂靜義。

《阿彌陀秘釋》

注釋：①天竺：即印度。②法界宮：胎藏大日如來的宮殿。依處在摩醯首羅天，是古佛成菩提的地方。③大日如來：密教的本尊，梵名稱為摩訶毗盧遮那，譯名大日，又稱遍照如來。④妙觀察智：顯教所說四智之一，轉凡夫的第六識而得至佛果，觀察諸法的智慧。

語譯：印度稱名阿彌陀，漢文翻譯爲無量壽、無量光等。第一，稱無量壽是指法身如來依處在胎藏大日如來的宮殿，不生不滅，所以密教本尊大日如來又可稱爲無量壽。第二，稱無量光是指法身如來妙觀察智的光明。遍照無量無數的衆生，無量無邊的世界，經常布施利益衆生，所以大日如來又名無量光佛。所以念阿彌陀三字，能滅無始劫以來的重罪。

「阿」字表示一心平等本初不生，「彌」字表示一心平等無我大我，「陀」字表示一心諸法本來寂靜。

菩薩證初果，舍身生極樂

菩薩了知諸佛，及一切法，皆唯心量。得隨順忍①，或入初地，舍（捨）身速生妙喜世界，或生極樂淨土中。

《如來不思議境界經》

注釋：①忍：安住於道理而不動心。

語譯：菩薩明白了知一切諸佛，及其一切法，都是唯心所現。因而得以隨順眞理，心不動搖。或者證得初地聖果，命終後速生阿閦佛的妙喜世界，或者生到阿彌陀佛的西方極樂世界中。

佛記龍樹菩薩往生西方淨土

大慧①汝當知，善逝②涅槃後，未來世當有，持於我法者，大名德比丘，厥號爲龍樹，能破有無宗，世間中顯我，無上大乘法，得初歡喜地，往生安樂國。

《楞伽經》

說明：釋迦牟尼佛住世時，便懸記七百年後出世的龍樹菩薩及其所證的果位，攝初地聖果往生西方極樂世界。

注釋：①大慧：大慧大士是楞伽法會上的當機者，由他代表大家向佛請問問題。②善逝：佛的十尊號之一。

語譯：大慧應當知道，佛涅槃後，未來的世間會有住持我正法的人。這人名聲顯著，是具有大德的比丘。他的名號叫龍樹，能夠摧破有宗和空宗的偏執，在世間顯示我的無上的大乘佛法。證得初歡喜地，命終往生西方極樂世界。

贊嘆淨土，令心專注

普廣菩薩白佛言：「十方佛剎淨妙國土，有差別否？世尊何故贊嘆阿彌陀剎，諸願生者，皆悉隨彼心中所願，應念而至？」佛言：「娑婆世界，人多貪濁；信向者少，習邪者多；不信正法，不能專一；心亂無志，實無差別。令諸眾生專心有在，是故贊嘆彼國土耳。諸往生者，悉隨彼願，無不獲果。」

《隨願往生經》

語譯：普廣菩薩向釋迦牟尼佛叩問：「十方佛剎的清淨妙好國土，有沒有差別？世尊為什麼只贊嘆阿彌陀佛的西方極樂世界，一切願往生的眾生，是否都能隨其心願，應念而生到西方佛剎？」佛回答：「娑婆世界中的眾生大多貪婪穢濁，信佛向善的人少，修習邪法的人多；不相信正法，不能專注精一，心性散亂，沒有志向，這是眾生的通病，無有差別。為了使眾生有一專心的目標，所以贊嘆阿彌陀佛的西方極樂世界。一切願往生的人，都能滿足心願，沒有一個不獲正果的。」

諸佛有四種法度眾生

諸佛出世，有四種法度眾生。何等為四？一者口說十二部經，即是法施度眾生；二者諸佛如來有無量光明相好，一切眾生但能繫心觀察，無不獲益，是即身業度眾生；三有無量德用神通道力，種種變化，即是神通力度眾生；四者諸佛如來有無量名號，若總若別，有其眾生繫心稱念，莫不除障獲益，皆生佛前，即是名號度眾生。

《大集日藏經》

語譯：諸佛出興在世間，有四種方法度化衆生，是哪四種呢？第一、口說十二部經，即是法施度衆生；第二、諸佛如來有無量光明相好，一切衆生但能繫心觀察佛像，無不獲得利益，這即是身業度衆生；第三、佛有無量德用，神通道力，種種變化，即是神通力度衆生；第四、諸佛如來有無量名號，或是總名或是別名，若有衆生繫心稱念佛名，沒有不除滅業障，獲得利益，生在佛前的，這即是名號度衆生。

修行八法，當生淨土

時海龍王白佛言：「世尊！弟子求生阿彌陀佛國，當修何行，得生彼土？」佛告龍王：「若欲生彼國者，當行八法。何等爲八？一者常念諸佛；二者供養如來；三者咨嗟世尊；四者作佛形象，修諸功德；五者迴願往生；六者心不怯弱；七者一心精進；八者求佛正慧。」佛告龍王：「一切衆生具斯八法，常不離佛也。」

《海龍王經》

語譯：那時，海龍王向釋迦牟尼佛叩問：「世尊！弟子願欲求生阿彌陀佛國，應當作何修行，才能往生西方極樂世界？」佛告龍王：「倘若願往生西方極樂世界的衆生，應當修八種行業，是哪八種呢？第一、經常憶念諸佛。第二、供養如來。第三、贊嘆世尊。第四、塑造佛像，修行衆多的功德。第五、迴向功德，發願往生。第六、心不怯弱。第七、一心精進。第八、求得佛的正慧。」佛告訴龍王：「一切衆生具備這八種修行，便能常不離佛。」

無邊佛刹，念佛能見

善財童子求善知識，詣功德雲比丘所，白言：「大師！云何修菩薩道，歸普賢行也？」是時比丘告善財曰：「我於世尊智慧海中，唯知一法，謂念佛三昧門。何者？於此三昧門中，悉能睹見諸佛及其眷屬，嚴淨佛刹，能令衆生遠離顛倒。念佛三昧門者，於微細境界中，見一切佛自在境界，得諸劫不顛倒；念佛三昧門者，能起一切佛刹，無能壞者；普見諸佛，得三世不顛倒。」時功德雲比丘告善財言：「佛法深海，廣大無邊，我所知者，唯得此一念佛三昧門。餘妙境界，出過數量，

《大方廣佛華嚴經》

我所未知也。」

說明：《華嚴經》中善財童子五十三參，第一個參訪，就恭聞到念佛法門。最後的參訪，在普賢菩薩處，又蒙勸進念佛求生西方淨土。可見，《華嚴經》乃大本《阿彌陀經》也。

語譯：善財童子參訪善知識，來到功德雲比丘的住所。恭敬啓問：「大師！如何修菩薩道，才能趣向普賢菩薩的行願呢？」那時，功德雲比丘告訴善財童子：「我在世尊的智慧海中，唯知一個法門，叫做念佛三昧門。什麼叫念佛三昧門呢？在這念佛三昧門中，能看見一切諸佛及其常隨聖衆，能夠見到莊嚴清淨的佛刹，能夠使衆生遠離顚倒妄想。如果證到念佛三昧，在正定的微細境界中，得見一切佛的自在境界，能夠在無數劫中不起顚倒妄想。念佛三昧能顯現一切佛刹，不會有能破壞這個念佛三昧的魔障；普見一切諸佛，能在三世（過去、現在、未來）不顚到妄想。」那時，功德雲比丘告訴善財童子說：「佛法的深廣大海，廣大無邊，我所知道的，唯有這個念佛三昧門。其他的微妙境界，出格過量的法門，我便不知曉了。」

彌陀開示，持名得生淨剎

時有䟦陀和菩薩，於此國土，聞有阿彌陀佛，數數繫念。因是念故，見阿彌陀佛。既見佛已，即從啓問，當行何法，得生彼國？爾時阿彌陀佛語是菩薩言：「欲來生我國者，常念我名，莫有休息。如是得來生我國土，當念佛身三十二相悉皆具足，光明徹照，端正無比。」《般舟經》

語譯：那時有䟦陀和菩薩，在這個世界聽聞到有阿彌陀佛，便相續不斷地繫心念佛。由這念佛的緣故，睹見阿彌陀佛，見到阿彌陀佛後，即向阿彌陀佛啓問：「應當修行什麼法門，才能往生西方極樂世界？」那時，阿彌陀佛對䟦陀和菩薩說：「願欲來生我國的衆生，應常念我的名字，不要間斷。這樣修行，便能得生我的佛剎。應當憶念佛身三十二相都具足，光明徹照，端正無比。」

小念見小佛，大念見大佛

佛言：「欲生清淨佛剎，不生障礙，而此衆生，應淨洗浴，著鮮潔衣，菜食長齋，勿啖辛臭。於寂靜處，正念結跏，或行或坐，念佛身相，更莫他緣。或一日夜，或七日夜，至心念佛，乃至見佛。小念見小佛，大念見大佛，乃至無量念者，見佛色身無量無邊。」

《大集日藏經》

語譯：佛說：「希望生到清淨佛刹的衆生，如要使其願望順利實現，就應當洗浴乾淨，穿鮮潔的衣服。長齋素食，不食五辛（蔥、蒜、韭、薤、興蕖）。在寂靜的處所，端正心念，跏趺而坐，憶念佛的身相，更不要想其他的境緣。或者一日夜，或者七日夜，至心念佛，乃至見佛。小聲念佛則見小佛，大聲念佛則見大佛，乃至無量念者，則可見到佛的色身無量無邊。」

稱念觀世音菩薩，得無量福

佛言：「此觀世音菩薩，一切人天，常須供養。專稱名號，得無量福，滅無量罪。臨終往生阿彌陀佛國。」

《千手千眼觀世音菩薩廣大圓滿無礙大悲心陀羅尼經》

語譯：佛說：「這位觀世音菩薩功德圓滿，一切人天應當經常恭敬供養。若有衆生專稱觀世音菩薩名號，就能得無量福，滅無量罪。命終後往生到阿彌陀佛的西方極樂世界。」

爲末法衆生開勝方便

衆生初學是法，欲求正信，其心怯弱，以住於此娑婆世界，自畏不能常值諸佛，親承供養；懼謂信心難可成就，意欲退者，當知如來有勝方便，攝護信心。謂以專意念佛因緣，隨願得生他方佛土，常見於佛，永離惡道。如修多羅說：「若人專念西方極樂世界阿彌陀佛，所修善根，迴向願求生彼世界，即得往生，常見佛故，終於有退。」

馬鳴菩薩：《大乘起信論》

說明：馬鳴菩薩是佛滅後六百年出世之大乘論師。善說法要，降伏一切諸外道輩。馬鳴菩薩乃如來預記之人，是內秘外現的大士。

語譯：眾生開始修學佛法，希望求得正信，但心意怯弱。由於要住在這個娑婆世界，自己畏懼於不能經常遇到諸佛，親身奉承供養，擔憂信心難以成就，便想懈怠退轉。這時，你要知道如來有殊勝的方便，可以攝護這類修行人的信心。這個方便就是以念佛的緣故，隨其心願得以往生他方佛土，常見於佛，永遠脫離惡道。如佛經所說：「假若有人專念西方極樂世界阿彌陀佛，所修的一切善根，迴向眾生，願同眾生一道求生西方極樂世界，這樣便能往生。由於往生西方極樂世界得以常見阿彌陀佛，所以，不會再有退轉。」

念佛法門是易行道

佛法有無量門，如世間道，有難有易。陸道步行則苦，水道乘船則樂。菩薩道亦如是，或有勤行精進，或有以信方便，易行疾至阿惟越致。若人欲疾至不退轉地者，應以恭敬心，執持稱名號。

龍樹菩薩：《十住毗婆沙論》

說明：龍樹菩薩是印度中觀學派的創始人，佛滅後七百年出世於南天竺，據經云：「龍樹菩薩的本地，為過去世的妙雲相佛。」我國三論、天台、密宗等的祖師。

語譯：佛法有無量門，譬如世間道路有難有易。陸路步行則艱苦，水道乘船則快樂，菩薩道也與這一樣。有的法門需要勤苦修行，精進不已；有的法門只要以仰信為善巧方便，容易修行，並能快速證到不退轉位。如果有人希望快速證到不退轉位，應當恭敬心，執持阿彌陀佛名號。

千經萬論，處處指歸

未所謂淨土法門，以其普攝上中下根，高超律教禪宗，實諸佛徹底之悲心，示眾生本具之體性，滙三乘①五性②，同歸淨域；導上聖下凡，共證真常③。九界④眾生離此法，上不能圓成佛道；十方諸佛捨此法，下不能普利羣生。所以，往聖前賢，人人趣向；千經萬論，處處指歸。自華嚴導歸之後，盡十方世界海諸大菩薩，無不求生淨土。由祇園⑤演說以來，凡西天東土中一切著述，末後皆結歸蓮邦。

馬鳴菩薩：《大乘起信論》

注釋：①三乘：聲聞乘、緣覺乘、菩薩乘。②五性：從能否成佛的角度，將一切眾生的機類，分為五種：1、定性聲聞，2、定性覺緣，3、定性菩薩，4、不定性，5、無性。③真常：如來所證得的法真實常在。④九界：菩薩界、緣覺界、聲聞界、天界、人界、阿修羅界、畜生界、餓鬼界、地獄界。⑤祇園：祇園精舍。

語譯：淨土法門普攝上中下三種根機的衆生，高超律、教、禪三宗，眞正體現出諸佛的徹底悲心，開示衆生的佛性，滙合三乘、五性的衆生，同歸西方極樂世界。淨宗法門能夠引導上聖下凡共證眞實常住的妙性。倘若九界衆生離淨土法門，上不能圓滿成就佛道；十方諸佛捨淨土法門，下不能普遍利益衆生。所以，往昔聖賢，人人趨向西方淨土；千經萬論，處處指歸極樂世界。自從華嚴海會上，普賢菩薩以十大願王導歸極樂世界後，十方世界無量無數的大菩薩，無不求生西方淨土。自從祇園精舍演說西方淨土的法門以來，凡印度、中國的一切著述，末後全都結歸西方極樂世界。

指歸極樂世界的三種因緣

然十方諸佛淨土，無量經論，偏指歸極樂者，略有三意：一爲彼佛與此土人最有緣故。無論貴賤、無論賢愚、無論幼艾，皆知阿彌陀佛號，若有苦屈，啓口發聲，無不稱其名者。二爲法藏比丘願力勝故，攝二十一億清淨佛土諸莊嚴事，總爲極樂世界一剎莊嚴；發四十八宏誓願，廣接十方念佛衆生來生其國。蓋諸佛果德雖實平等，因中願力任遠攝生，無差別中有差別故。三爲阿彌陀佛即法界藏身，極樂世界即蓮華藏海。見一佛即是見無量佛，生一剎即是無量剎，念一佛即是念一切佛，即爲一切佛所護念，以法身不二故，生佛不二故，能念所念不二故也。

截流大師：《淨土警語》

說明：截流大師（西元一六二八～一六八二年）：諱行策，清代高僧，專修淨業，自行化他，被尊爲淨宗十祖。

語譯：然而，十方有無量諸佛的淨土，爲什麼無量的經論偏偏指歸西方極樂世界呢？概略來說有三層含意：第一、由於阿彌陀佛與我們這個世界的人最有緣分，無論貴賤賢愚，還是男女老少都知道阿彌陀佛名號，假若有苦難委屈，張口發聲無不稱念阿彌陀佛的名號。第二、由於法藏比丘願力殊勝，法藏比丘在五大劫的修行中，攝取十方無量清淨佛國的許多莊嚴殊勝，滙聚用來莊嚴西方極樂世界，發四十八宏大誓願，廣接十方世界念佛衆生來生極樂國。諸佛果德雖然眞實平等，但因地中所發的願力卻各有因緣，所以，無差別中尚有差別。第三，由於阿彌陀佛即是含藏法界一切功德的法身，西方極樂世界即是諸佛報身的淨土。見一佛即是無量佛，往生一個佛國即是往生無量無數的佛國，念一佛即是念一切佛，即爲一切佛所保護所記念。因爲法性與身土不二，衆生與佛不二，能念佛的念與所念的佛不二。

不由禪教律，而得戒定慧

人皆謂修淨土不如禪、教、律，吾則謂禪、教、律權設方便，使從門而入，俱得超悟，唯無量壽佛獨出一門，曰修淨土，如單方治病，簡要直截。一念之專，不問緇白皆可奉行；但知爲化愚俗淺近之說，其實則成佛至捷之徑……。不由禪、教、律而得戒、定、慧者，其唯淨土之一門乎？

不施棒喝而悟圓頓機，不閱《大藏經》而得正法眼，不持四威儀而得大自在。當是時也，熟爲戒、定、慧？熟爲禪、教、律？我心佛心，一無差別，此修淨土極致也。

鄭之清居士：《徑中徑又徑》

說明：鄭之清居士：宋代丞相。虔誠奉佛，早年習禪，後來專修專弘淨土。

語譯：人都說修淨土不如修習禪、教、律，我則認爲禪、教、律是權設的方便，使人從門而進入，都能獲得超越的悟解。唯有阿彌陀佛獨特地開出這一法門，叫修淨土。如同單方治病，簡要直截。只要一念專注，無論出家人還是在家居士，都可以信奉修持。人們只知淨土法門是化導愚人俗士的淺近之說；其實，淨土法門實在是成就佛果的至捷之徑……。不經由禪、教、律，而獲得戒、定、慧的法門，不就是只有這個淨宗法門嗎？

不施棒喝而悟圓頓機；不閱《大藏經》而得正法眼，不持四威儀而得大自在。正當這個時候，何爲戒、定、慧？何爲禪、教、律？我心與佛心，無二無別，這就是修淨土的極致。

淨土是律教禪密的歸宿

括舉大綱，凡有五宗。五宗維何，曰律、曰教、曰禪、曰密、曰淨。律者佛身，教者佛語，禪者佛心，佛之所以爲佛，唯此三法。佛之所以度生，亦唯此三法。衆生果能依佛之律、教、禪以修持，則即衆生之三業，轉而爲諸佛之三業。又恐宿業障重，或不易轉，則用陀羅尼三密加持之力，以熏陶之。若蜾蠃①之祝螟蛉②，曰似我似我，七日而變成蜾蠃。又恐根器或劣，未得解脫，而再一受生，難免迷失。於是特開信願念佛，求生淨土一門。

須知律爲教、禪、密、淨之基址，若不嚴持禁戒，則教、禪、密、淨之真益莫得；如修萬丈高樓，地基不固，則未成即壞。淨爲律、教、禪、密之歸宿，如百川萬流，悉歸大海。

印光大師：《印光法師文鈔》

注釋：①蜾蠃：一種寄生蜂。②螟蛉：一種綠色小蟲。古人以為，蜾蠃不産子，便捕捉螟蛉喂養，並呼叫「似我似我」即漸變為蜾蠃，因此，世以螟蛉為義子喻。

語譯：括舉佛法大綱，大致有五宗，這五宗就是律、教、禪、密、淨。律是佛的身業，教是佛的教語，禪是佛的心印。佛所以是佛，唯有這三法，佛用以度化衆生的，也就是這三法。衆生如能依照佛的律、教、禪來修持，那麼，衆生的身、口、意三業，便能轉而成爲諸佛的身、口、意三業。

佛又唯恐衆生宿業障重，身、口、意三業不容易扭轉。便用咒的三密（身、口、意）的加持力，熏陶衆生的三業。如同蜾蠃祝願螟蛉：「似我似我」這樣，經七日後，螟蛉脫變成蜾蠃。佛又恐衆生根器鄙劣，修持以上法門也不得解脫生死，而再一受生，永劫迷失。於是，佛特開這一信願念佛，求生淨土的法門。

應當知道：律宗是教、禪、密、淨的基礎。如果不嚴持禁戒，則得不到教、禪、密、淨的眞實利益，譬如修萬丈高樓，地基如果不穩固，則樓未修成就會毀壞。淨土是律、教、禪、密的歸宿，譬如百川萬流，全都歸向大海。

淨宗契合多數衆生的根器

佛所說的法門很多，深淺難易，種種不同。若修持的法門與根器不相契合的，用力多而收效少。倘與根器相契合的，用力少而收效多。大多數衆生的根器，和那一種法門最相契合呢？說起來，只有淨土宗，若果專門修淨土法門，則依仗佛的大慈大悲之力，往生極樂世界，見佛聞法，速證菩提，這是比較容易得多了。

弘一大師：《弘一大師文鈔》

說明：弘一大師（西元一八八〇～一九四二年）：法名演音，別號一音、圓音、亡言、晚晴老人，俗名李叔同，穎悟好學，多才藝，書法、繪畫、音樂、詩詞等均獨步一時，三十九歲出家，弘揚律學，持戒精嚴，行在彌陀。臨命終時，預知時至，作偈一首：「問余何適？廓爾忘言，華枝春滿，天心月圓。」荼毗得舍利一千八百餘顆，紅白璀燦，圓潤耀目，世壽六十四，僧臘二十四。

二、西方極樂世界依正莊嚴

西方極樂世界依報莊嚴

國界嚴淨，黃金為地

佛告阿難：「彼極樂世界，無量功德，具足莊嚴。永無眾苦①、諸難②、惡趣、魔③惱之名；亦無四時寒暑、雨冥之異，復無大小江海、丘陵、坑坎、荊棘、沙礫、鐵圍④、須彌⑤、土石等山。惟以自然七寶，黃金為地，寬廣平正，不可限極。微妙、奇麗、清淨、莊嚴，超逾十方一切世界。」

《佛說大乘無量壽莊嚴清淨平等覺經》

說明：本章（及以下各章）顯示西方極樂世界依報莊嚴（依報即自然環境）。展現阿彌陀佛從清淨法身中現出的種種不可思議的莊嚴景觀。

注釋：①眾苦：苦事眾多，概略為三苦（苦苦、壞苦、行苦）；八苦（生老病死、受別離、怨憎會、求不得、五陰熾盛）。②諸難：指八難：地獄難、畜生難、餓鬼難、長壽天難、北鬱單越難、盲聾瘖啞難、世智辯聰難、生在佛前後難。③魔：梵語魔羅之略，譯為能奪命、障礙、擾亂、破壞等。④、⑤鐵圍、須彌：須彌譯為妙高山，是一小世界的中心，四寶所成，處大海中，出水三百三十六萬里，外有九山八海，其外圍叫「鐵圍山」山頂上中央為帝釋天所居。

譯文：佛對阿難說：「那個極樂世界，由無量功德所成就，國土莊嚴清淨，具足一切勝妙。永離種種若難、三惡趣（鬼、畜、地獄）與魔惱的名字。眾苦、諸難、惡趣、魔惱等連名字都聽不到，更不用說有實際的苦難惡趣了。國中沒有春夏秋冬、寒冷暑熱、陰雨的現象，也沒有海洋、河流、山陵、坑坎、荊棘、沙漠、鐵圍山、須彌山、土石所成的種種山，只是一片平坦整齊，廣大無邊，以自然七寶和黃金所成的大地。國土是微妙中的微妙，奇麗中的奇麗，其清淨莊嚴超過十方一切世界。」

寶樹遍國，整齊有序

彼如來國，多諸寶樹，或純金樹、純白銀樹、琉璃①樹、水晶②樹、琥珀樹、美玉樹、瑪瑙樹，惟一寶成，不雜餘寶。或有二寶、三寶、乃至七寶轉共合成。根莖枝幹，此寶所成，華葉果實，他寶化作。或有寶樹，黃金爲根，白銀爲身，琉璃爲枝，水晶爲梢，琥珀爲葉，美玉爲華，瑪瑙爲果。其餘諸樹，復有七寶互爲根幹、枝葉、花果，種種共成，各自異行。行行相值，莖莖相望；枝葉相向，華實相當，榮色光耀，不可勝視。清風時發，出五音聲，微妙宮商③，自然相和。是諸寶樹，周遍其國。

《佛說大乘無量壽莊嚴清淨平等覺經》

注釋：①琉璃：梵語，譯為青色寶；此寶青色，一切眾寶不能壞，體堅色瑩，世間稀有。②水晶：又作玻璃，譯言水精，有紫、白、紅、碧四種色。③宮商：指宮、商、角、徵、羽五聲，此五聲可攝一切音聲。

語譯：西方極樂世界有種種寶樹，或純金樹、純白銀樹、琉璃樹、水晶樹、琥珀樹、美玉樹、瑪瑙樹。這些樹有的是單獨一寶所成，沒有摻雜其他的寶；有的樹是兩種寶、三種寶、以至於七種寶轉換共同合成，根、莖、枝、幹是某一寶所成，花、葉、果實是其他的寶所作。例如：有一種寶樹，樹根是黃金所成，樹身是白銀所成，樹枝是琉璃所成，樹梢是水晶所成，樹葉是琥珀所成，花是美玉所成，果是瑪瑙所成。其餘的樹又另有七寶，互爲根、幹、枝、葉、花、果，組成種種不同形色的七寶樹。

那些寶樹的排列，各自成行，橫豎整齊，樹幹彼此對稱，一枝一枝相對相向；各樹各枝的花與果的位置都有規律、很整齊，彼此相映成趣。繁茂的妙色，光明照耀，令人目不暇給，看都看不過來。

清淨的德風，應時而發，隨人的意樂自然吹來，而且風搖枝葉，自然發出微妙的樂章，宮、商、角、徵、羽五音相和，非常悅耳。這些寶樹，周遍在西方佛剎中。

道場樹宣演法音

又其道場，有菩提樹①，高四百萬里。其本周圍五千由旬，枝葉四布二十萬里，一切衆寶自然合成。華果敷榮，光輝遍照。復有紅綠青白諸摩尼寶②，衆寶之王，以爲瓔珞。雲聚寶鎖③，飾諸寶柱，金珠鈴鐸④，周匝條間，珍妙寶網，羅覆其上，百千萬色，互相映飾；無量光焰，照耀無極。一切莊嚴，隨應而現。

微風徐動，吹諸枝葉，演出無量妙法音聲。其聲流布，遍諸佛國。清暢、哀亮、微妙、和雅；十方世界，音聲之中，最爲第一。

若有衆生，睹菩提樹、聞聲、嗅香、嘗其果味、觸其光影、念樹功德，皆得六根清徹，無諸惱患。住不退轉，至成佛道。復由見彼樹故，獲三種忍：一音響忍⑤，二柔順忍⑥，三者無生法忍⑦。

佛告阿難：「如是佛刹，華果樹木，予諸衆生而作佛事。此皆無量壽佛威神力故、滿足願故、明了堅固、究竟願故。」

《佛說大乘無量壽莊嚴清淨平等覺經》

注釋：①菩提樹：譯為道場樹，或覺樹。釋迦牟尼佛坐在該樹下成就正覺，所以叫菩提樹。②摩尼：譯為如意珠，寶珠的總名。③雲聚寶鎖：以雲聚寶所成的鈎連結構。④鐸：鈴中的木舌，用以繫鈴使發聲。⑤音響忍：聽到樹林的音聲而悟道，知一切法性，如聲之回音。是初地到三地菩薩所證的境界。⑥柔順忍：心性柔和，依智來應對境緣，證入真如實相，是四、五、六諸地菩薩所證的境界。⑦無生法忍：證得不生不滅的真如實相，是七地菩薩以上所證的境界。

語譯：阿彌陀佛的道場，有菩提樹。高達四百萬里，樹身周圍二十萬里，枝葉向四方分布（佈）二十萬里。菩提樹是一切衆寶自然和合而成。花葉果實開敷得繁茂旺盛，呈現欣欣向榮的景象；並且放大光明，遍照一切處。又有樹上頭的莊嚴，有紅、綠、青、白各色的摩尼寶，就用這衆寶之王的摩尼寶來做瓔珞，懸掛在樹上。樹上還有寶柱，用雲聚寶所成的鎖來莊嚴寶柱，又把許多金（純金）、珠（真珠）、鈴（鈴鐺）、鐸（鈴中木舌，敲鈴發聲）遍掛在菩提樹的枝條上面，又在樹上掛了珍寶網，周遍覆蓋在菩提樹上。瓔珞所懸掛的金、珠、鈴、鐸以及珍妙寶網流放百千萬的光色，彼此相照，互爲莊嚴；互相輝映，互相作爲裝飾，放無量光明。光焰明耀，所顯妙光及所照之區域都沒有極限。一切莊嚴之相，普應羣機，變化不拘，隨意而現。

微細的清風，徐緩地飄動，吹到菩提樹的千枝萬葉，演奏出無量的美妙音聲，都在演說微妙的法音。這些音聲流通散布（佈）到諸方，遍滿一切佛國，菩提樹所發的法音，清淨通暢，能令聽者生起悲憫衆生的心。音樂節拍鮮明、音調爽朗、微妙善好。所以，極樂世界的音聲，在十方世界音聲之中，最爲第一。

倘若衆生眼見到菩提樹，耳聞到妙法音聲；鼻嗅到樹的芳香；舌嘗到果子的滋味；身體接觸到樹的光與影子；意根憶念樹的功德；眼、耳、鼻、舌、身、意六根都能清淨無垢，徹辨無遺。不會再有種種惱亂所造成的過患，於是就可以安住於不退轉之位，達到圓滿佛果。

又因能看見菩提樹的緣故，那些衆生可以得到三種忍：一音響忍，二柔順忍，三者無生法忍。可見，西方極樂世界的殊勝，眞是登峯造極。

佛告訴阿難：「極樂世界中花果樹木都能給衆生作佛事，這是由於阿彌陀佛的威神力，以及阿彌陀佛的本願力所致。也是阿彌陀佛的滿足願、明了願、堅固願、究竟願之所成就。」

衆鳥宣演法音

復次舍利弗，彼國常常種種奇妙雜色之鳥。白鶴、孔雀、鸚鵡、舍利①、迦陵頻伽②、共命之鳥③。是諸衆鳥，晝夜六時，出和雅音。其音演暢五根④、五力⑤、七菩提分⑥、八聖道分⑦，如是等法。其土衆生，聞是音已，皆悉念佛、念法、念僧。舍利弗，汝勿謂此鳥，實是罪報所生。所以者何?彼佛國土無三惡道。舍利弗，其佛國土，尚無惡道之名，何況有實。是諸衆鳥，皆是阿彌陀佛，欲令法音宣流，變化所作。

《佛說阿彌陀經》

注釋：①舍利：梵語，中國叫鶖。也叫百舌鳥。②迦陵頻伽：譯為好聲鳥。③共命：是兩個頭，兩個心識，合一個身體的鳥。④五根：信、精進、念、定、慧。⑤五力：由五根生起的力用：即：信力、精進力、念力、定力、慧力。⑥七菩提分：又名七覺分：一、擇法覺分。二、精進覺分。三、喜覺分。四、除覺分。五、舍覺分。六、定覺分。七、念覺分。⑦八聖道分：又名八正道：即：正見、正思惟、正語、正業、正命、正精進、正念、正定。

語譯：佛又說道：「舍利弗！那西方極樂世界，還常常有各色各樣奇妙可愛的鳥。像白鶴、孔雀、鸚鵡、百舌鳥、好聲鳥、共命鳥等種種的鳥。這許多的鳥，日間三份時候、夜間三份時候，不停歇地發出又和平又雅致的聲音來。他們這些聲音，都是演說宣布那五根、五力、七菩提分、八聖道分等種種的方法。」

「西方極樂世界的衆生，聽到這許多的鳥所發出的聲音後，都發心念佛寶，念佛所說的法寶、念依佛法修行的僧寶了。」

佛又叫舍利弗道：「你不可說這些鳥，是因爲做人的時候，造了罪，所以受這種畜生的苦報的。爲什麼不可以這樣說呢？因爲西方極樂世界沒有畜生、餓鬼、地獄三種惡道的。舍利弗！那西方極樂世界，惡道的名目尚且沒有，何況實在的惡道，那是更加不會有了。這許多的鳥，都是阿彌陀佛，要使佛法的聲音，宣布出來，流通開來，所變化出來的。」

風吹寶樹，鳴奏妙樂

舍利弗！彼佛國土，微風吹動諸寶行樹，及寶羅網。出微妙音，譬如百千種樂，同時俱作。聞是音者自然皆生念佛、念法、念僧之心。舍利弗！其佛國土，成就如是功德莊嚴。

《佛說大乘無量壽莊嚴清淨平等覺經》

語譯：佛又叫舍利弗道：「西方極樂世界有微細輕和的風，吹動了這許多珍寶合成的行列整齊的樹林，以及珍寶合成的網絡。這些樹林與網絡裡頭，就會發出很細很美的聲音來，像幾百幾千種樂器，同在一個時候，一齊吹彈起來。聽聞到這種聲音的人，自然而然的，都會生出想念佛、想念法、想念僧的心來了。舍利弗！西方極樂世界的種種殊勝，都是阿彌陀佛的功德所成就的。」

堂舍樓觀，七寶化成

無量壽佛講堂精舍①、樓觀欄楯②，亦指七寶自然化成。復有白珠摩尼，以爲交絡，明妙無比。諸菩薩衆所居宮殿，亦復如是。中有在地講經誦經者，有在地受經聽經者，有在地經行者、思道、及坐禪者。有在虛空講誦受聽者、經行、思道、及坐禪者。或得須陀洹③，或得斯陀含④，或得阿那含⑤，阿羅漢。未得阿惟越致者，則得阿惟越致。各自念道、說道、行道，莫不歡喜。

注釋：①精舍：指寺院。②欄楯：即欄檻，俗稱柵欄。縱者為欄，橫者為楯。③須陀洹：譯為入流、預流。又名初果。謂從凡夫初入聖道的法流，斷三界見惑，即得此果。④斯陀含：譯為一來。斷欲界九地思惑中的前六品，因為還餘存後三品，所以仍須在人間與欲界受生一次，所以名一來。又名二果。⑤阿那含：譯為不來，乃斷盡欲界思惑殘餘的後三品，不再來欲界天受生，後生到色界或無色界

語譯：阿彌陀佛說法的講堂、修法的精舍，以及一切樓觀欄楯，也都是七寶自然合成的，並且也都懸掛了白珠摩尼等珍寶所作的瓔珞，交叉懸掛如同網絡，互相輝映，互作裝飾，光明美妙，沒有能與之相比的。諸菩薩大眾所居住的宮殿也是一樣。

極樂世界中的人，有的在地面上講經、誦經，有的在地面聽經、受經。還有的在地面經行（繞念）、還有的在地面上思惟於道及打坐修習禪定。極樂世界在虛空中也同樣有作如上修持的人。

在極樂世界凡聖同居土中種種修持的人，或證得須陀洹果，或證得斯陀含，或證得阿那含、阿羅漢果。沒有證得不退轉位的人，則都能證得不退轉位。極樂世界

的人都能正念眞如，講經說法，身體力行，個個都法喜充滿。

泉池功德，波揚妙法

又其講堂左右，泉池交流，縱廣、深淺，皆各一等。或十由旬，二十由旬，乃至百千由旬。湛然香潔，具八功德①。岸邊無數栴檀香樹，吉祥果樹，華果恒芳，光明照耀。修條密葉，交覆於池，出種種香，世無能喻。隨風散馥，沿水流芳，又復池飾七寶，地布金沙。優鉢羅華②、鉢曇摩華③、拘牟頭華④、芬陀利華⑤，雜色光茂，彌覆水上。

若彼衆生，過浴此水，欲至足者、欲至膝者、欲至腰腋、欲至頸者；或欲灌身、或欲冷者、溫者、急流者、緩流者，其水一一隨衆生意。開神悅體，淨若無形。寶沙映澈，無深不照。

微瀾徐回，轉相灌注。波揚無量微妙音聲，或聞佛法僧聲、波羅蜜聲、止息寂靜聲、無生無滅聲、十力⑥無畏聲；或聞無性⑦無作⑧無我⑨聲、大慈大悲喜捨聲、甘露⑩灌頂受位⑪聲。得聞如是種種聲已，其心清淨，無諸分別，正直平等，成熟善根。隨其所聞，與法相應。其願聞者，輒獨聞之；所不欲聞，了無所聞。永不退於阿耨多羅三藐三菩提心。

十方世界諸住生者，皆於七寶池蓮華中，自然化生，悉受清虛之身，無極之體。不聞三途惡惱苦難之名，尚無假設，何況實苦。但有自然快樂之音。是故彼國名爲極樂。

《佛說大乘無量壽莊嚴清淨平等覺經》

注釋：①八功德：水有八種功德：一、澄淨。二、清冷。三、甘美。四、輕軟。五、潤澤。六、安和。七、飲時除饑渴等無量過患。八、長養身體，增益善根。②優鉢羅華：青蓮花。③鉢曇摩花：紅蓮華。④拘牟頭華：黃蓮花。⑤芬陀利華：白蓮花。⑥十力：佛所具有的十種力用。一、覺是處非智力。二、業智力。三、定智力。四、根智力。五、欲智力。六、界智力。七、至處智力。八、宿命智力。九、天眼智力。十、漏盡智力。⑦無性：一切諸法皆無實體。⑧無作：無為，無因緣造作。⑨無我：人身是色、受、想、行、識的假和合，無有真我。⑩甘露：天人所食的美露，味甘如蜜。⑪灌頂受位：等覺菩薩將入妙覺位，十方世界一切佛以智水灌菩薩頂。

語譯：極樂世界的講堂之外，泉池環繞，四通八達。泉池的長度、寬度、深度、淺度有不同的等級，有各種的形式，都是調諧相稱的。泉池的大小有的四十里，有的八十里，有的甚至有千萬里。池中的水，清湛、芳香、潔淨，具有八種功德，所以叫做八功德水。

岸邊有無數的栴檀香樹和吉祥果樹。這些樹的花葉果實都經常散吐芬香，放光照耀。水邊兩岸都有樹，樹長了修長的枝條，濃密的葉子延伸相接蓋覆在池水上面，放出種種幽香；香氣美妙非世間的種種妙香所能比擬。隨著清風散播本體的香馥，沿著池水流送花味的芬芳。

還又用七寶來裝飾這些蓮池，池的底部鋪滿金沙。有四種顏色的蓮花：青蓮花、紅蓮花、黃蓮花、白蓮花，覆蓋在池水上面。蓮花各放妙光，不同顏色的妙光會集和配，並且光色明亮。

極樂世界的衆生，若要在水池中沐浴游泳。在池的人，心中想水到足跟水就到足跟，想到膝蓋水就到膝蓋，想到腰水就到腰，想到腋水就到腋，想到脖頸水就到脖頸；想淋浴就淋浴灌身，想水涼一點水就涼一點，溫一點水就溫一點，想水沖得急一點就急一點，慢一點就慢一點；池水對於每一個衆生，都能滿他的意。池水能開啓衆生的神明，增長智力，並且洗後身體舒暢安樂。池水清湛淨潔如同虛空，沒有形狀；水清見底，池底的寶沙都能徹底映現。水中沒有任何一個深處是寶沙映照不到的。

池水安和徐緩地旋迴，水波與水波互相注入，水流有聲，演放出無量的微妙音聲。水波正在廣宣法音，饒益衆生，使聞者各能聽到自己願聞的法。或是聞到佛法僧（覺正淨）的音聲、波羅蜜（到彼岸）的音聲、止息寂靜的音聲、無生無滅（法性真空）的音聲、十力無畏的音聲；或是聞到無性無作無我的音聲、大慈大悲喜捨的音聲、甘露灌頂受位的音聲。

往生者聽到以上種種妙法音聲，心中清淨，離開垢污與雜染，也離開了種種虛妄分別，入了不二法門，契合中道。於是善根自然成熟。在極樂世界所聽到的法，不但都能領會，並且立即同法相應。自己想聽什麼，就能聽見什麼。不想聽的時候，就一點也聽不到，絲毫不受干擾。因此永遠不會退失無上菩提心。

十方世界所有往生的衆生，都在七寶池的蓮花中自然化生。神通廣大，無所不至，沒有極限。體質如光如影，不是血肉之身。極樂世界聞不到惡道（畜、鬼、地獄）、邪惡、惱患、苦難的名字，連假設名相都沒有，那裡還會有實在的苦難與惡趣呢？唯有自然快樂的音聲；所以，那個佛國就叫做極樂世界。

七寶池、八功德水

又舍利弗！極樂國土，有七寶池①，八功德水，充滿其中。池底純以金沙布地。四邊階道，金銀、琉璃、玻璃合成。上有樓閣，亦以金銀、琉璃、玻璃、硨磲、赤珠、瑪瑙而嚴飾之。池中蓮華，大如車輪。青色青光、黃色黃光、赤色赤光、白色白光，微妙香潔。舍利弗！極樂世界成就如是功德莊嚴。《佛說阿彌陀佛經》

注釋：①七寶：指金、銀、琉璃、玻璃、硨磲、赤珠、瑪瑙。

語譯：佛又叫舍利弗道：「西方極樂世界，還有七種寶貝成就的水池，池裡有八種功德的水，盈滿池中。池的底下，完全是金沙。池的四邊，有階沿、有道路，都是金、銀、琉璃、玻璃四種寶貝和合而成的。上面虛空裡頭，有樓、有閣，也都是用金、銀、琉璃、玻璃、硨磲、赤珠、瑪瑙等七種寶貝來莊嚴得整整齊齊，裝飾得很好看的。池裡頭的蓮花，像車輪盤一樣的大。青色的蓮花會放出青色的光；黃色的蓮花會放出黃色的光；紅色的蓮花會放出紅色的光；白色的蓮花會放出白色的光。並且這些蓮花都是很好、很香、很潔淨的。」

佛又叫舍利弗道：「西方極樂世界，像上邊所說的種種殊勝的景象，都是阿彌陀佛的功德所成就的。」

飲食衣服，應念而現

復次極樂世界，所有衆生，或已生，或現在，或當生，皆得如是諸妙色身。形貌端嚴，福德無量，智慧明了，神通自在。受用種種，一切豐足。宮殿、服飾、香華、幡蓋①、莊嚴之具，隨意所需，悉皆如念。

若欲食時，七寶鉢器②，自然在前，百味飲食，自然盈滿。雖有此食，實無食者；但見色聞香，以意爲食。色力增長，而無便穢。身心柔軟，無所味著。事已化去，時至復現。

復有衆寶妙衣、冠帶、瓔珞③，無量光明，百千妙色，悉皆具足，自然在身。所居舍宅，稱其形色；寶網彌覆，懸諸寶鈴；奇妙珍異，周遍校飾；光色晃耀，盡極嚴麗。樓觀欄楯、堂宇房閣、廣狹方圓、或大或小，或在虛空，或在平地，清淨安穩，微妙快樂，應念現前，無不具足。

《佛說大乘無量壽莊嚴清淨平等覺經》

注釋：①幡：為了表示佛的威德，所作的莊嚴具。猶如大將的旌旗。蓋：佛的供具，寶蓋、天蓋等。②鉢器：簡稱鉢，出家人作為飲食的器具。③瓔珞：懸掛在身上的裝飾物。

語譯：西方極樂世界中所有的衆生，或是已往生，或現在往生，或未來往生，都能得到遠勝第六天王（他化自在天王）的諸妙色身。像貌端正莊嚴，福德無有限量，明了自性眞如，神通自在。種種受用全都豐富充足，宮殿、服飾、香華、幡蓋等莊嚴用具，隨自己心裡想什麼，就有什麼。

到了想吃東西的時候，七寶的鉢器自然出現在面前，多種美味所成的飲食，自然充滿鉢內。雖然顯現食品，但實際並沒有眞正吃飯的人。極樂世界的人民只是看看食物的顏色、聞聞香味，意思上領略了，就算是吃了。吃後身體與力氣都增長，並且沒有大小便。受用食物後，身心柔軟。極樂世界的人民對於飲食毫不留戀貪著。飯食完畢鉢器自然就消失了；到了想吃的時候，寶鉢與飲食又自然出現了。

又有衆寶做成的美妙衣服、帽子、衣帶、瓔珞。這些飾物放無量光明，每束光中含有八萬四千種顏色，顏色中又放無量光明，具足無量微妙光色。這些勝妙的衣服都自然在身，不須剪裁縫製。

極樂世界的人民所居住的房舍與宅院，它們的形狀與色彩都非常相稱，調配巧妙；並且也與居住者的大小色貌相稱。以寶珠摩尼等織成的寶網普遍覆蓋在房子上面。寶網上懸掛種種寶鈴，所有的寶鈴寶網與舍宅都是出奇的美妙，珍貴稀有。房宅上所有諸寶彼此裝飾，微妙莊嚴。所有諸寶都放光明，光中有色，色中有光，而且晃動變化，明亮顯耀，極其莊嚴，極其美麗。國中的樓臺、欄杆、殿堂、屋檐、居室、樓閣，它們有廣狹方圓、大小高低。或者在虛空，或者在平地，種種的情況，都是沒有穢濁，沒有變易。任何一個微塵都不可思議。極樂世界的人，永離身心的苦惱，心中想念何種物品，都能立即顯現，隨想隨到，沒有欠缺。

風飄花雨，遍滿佛土

其佛國土，每於食時，自然德風徐起，吹諸羅網，及衆寶樹，出微妙音。演出苦、空、無常、無我諸波羅蜜，流布萬種溫雅德香。其有聞者，塵勞垢習，自然不起。風觸其身，安和調適，猶如比丘得滅盡定①。

復次七寶林樹，飄華成聚；種種色光，遍滿佛土。隨色次第，而不雜亂。柔軟光潔，如兜羅綿②。足履其上，没深四指；隨足舉已，還復如初。過食時後，其華自没。大地清淨，更雨新華。隨其時節，還復周遍；與前無異，如是六返。

《佛說大乘無量壽莊嚴清淨平等覺經》

注釋：①滅盡定：又名滅盡三昧。斷盡第六識的心與心所的禪定。阿那含以上的聖者所證。②兜羅綿：細軟的草木花絮。

語譯：極樂世界到了中午，自然徐緩地吹起了德風。徐風吹動寶網上的寶鈴，演出微妙的法音。演說苦、空、無常、無我、諸波羅蜜，流布萬種溫和雅正的德香。能令聞者煩惱與習氣自然不起。德風吹觸到人的身體，讓人感覺得非常安和，調心適意，這個快樂像比丘得了滅盡定。

風又吹拂七寶林樹，吹下來的花，隨本身種種不同的色、不同的光，有秩序地自然飄聚在一起，遍滿在國土中，覆蓋了整個的大地。隨著花色分類，沒有雜亂。

這花在地上很柔軟，也很光明乾淨，像揚柳花等很柔軟的東西。踩在花上，脚就沉下去四指深；你一擡脚，花又平復如初。清晨飄降的花，一過中午，這些花自然都不見了。在花化盡之後，整個大地恢復了清淨。於是虛空又降新花，隨著晝夜六個時節（日出、日中、日沒、初夜、中夜、後夜）循環降花化花。每次的花都遍大地，化沒後，大地清淨。再降新花，如此循環不斷。

寶蓮佛光，宣說妙法

又衆寶蓮華周滿世界，一一寶華百千億葉，其華光明，無量種色。青色青光，白色白光，玄黃朱紫，光色亦然。復有無量妙寶百千摩尼，映飾珍奇，明曜日月。彼蓮華量，或半由旬、或一二三四、乃至百千由旬。

一一華中，出三十六百千億光；一一光中，出三十六百千億佛。身色紫金，相好殊特；一一諸佛，又放百千光明，普爲十方說微妙法。如是諸佛，各各安立無量衆生於佛正道。

《佛說大乘無量壽莊嚴清淨平等覺經》

語譯：在極樂世界中有衆寶所成的蓮華，周遍布滿整個世界。一一寶花各各具有百千億花瓣。花的本體就是光明，光中具有無量種妙色，青色蓮花放青光，白色蓮花放白光，玄、黃、朱、紫色的寶蓮也都放與花色相同的光。還有無量的妙寶與百千種的摩尼映飾在蓮花上。衆寶摩尼都是奇珍妙寶放光，光有衆色，色又放光，彼此映照，互相映飾，光明顯曜，如同日月。蓮花的大小，或是二十里、或是四十里、或是八十里、一百二十里、一百六十里，或是千萬里，大小不等。

每一朵蓮花中放出三十六百千億光，每一光中出三十六百千億佛。佛身皆具紫磨金色，容顏殊勝奇特。一一諸佛又放百千種光，普爲十方一切衆生演說微妙的法音。每尊佛都殷切地勸勉衆生念佛求生淨土。

無日月晝夜之象

彼佛國土，無有昏暗火光、日月星耀、晝夜之象；亦無歲月劫數之名，復無住著家室。於一切處，既無標式名號，亦無取捨分別；惟受清淨最上快樂。

若有善男子、善女人，若已生、若當生，皆悉住於正定之聚①，決定證於阿耨多羅三藐三菩提。何以故?若邪定聚②及不定聚③，不能了知建立彼因故。

注釋:①、②、③正定聚、邪定聚、不定聚:這三聚包括一切眾生。一、正定聚:必定證悟者;二、邪定聚:不得證悟者;三、不定聚:在二者中間，有緣證悟，無緣不證悟。這三聚的意義通於大小乘。

語譯:極樂世界中，沒有昏暗、火光、日月星耀、晝夜等現象;也沒有歲月劫數這些時間上的名稱，雖說有舍宅，但往生者沒有執著與留戀，更不認為這是自己的家。在一切地方，都沒有標誌、門牌號數、名稱，也沒有分別取捨心;唯有享受清淨最上乘的快樂。

若有善男子、善女人，若於過去往生、若未來當往生，都能安住於正定聚，決定證得無上正等正覺。為什麼呢?倘若陷入邪定聚及不定聚的人，就不能知曉建立這個往生淨土的因。

西方淨土無限廣大

彼佛國中，常如一法，不爲增多。所以者何？猶如大海，爲水中王，諸水流行，都入海中。是大海水，寧爲增減？八方上下，佛國無數，阿彌陀國，長久廣大，明好快樂，最爲獨勝。本其爲菩薩時，求道所願，累德所致。無量壽佛，恩德布施八方上下，無窮無極，深大無量，不可勝言。

《佛說大乘無量壽莊嚴清淨平等覺經》

說明：西方極樂世界能夠廣泛地容納無量無數的衆生，猶如百川入海，大海不增。西方淨土乃無限大中的無限大。

語譯：西方極樂世界永遠不增不減，常如一法。爲什麼呢？猶如大海是百川衆水之王，江河諸水都流入大海中，大海中的水還是無增無減。十方世界無量無數的佛刹中，阿彌陀佛的極樂世界，壽命最長久，國土最廣大。佛刹中充滿著光明、妙好、快樂，與十方諸佛的佛刹相比，最爲獨勝。這是由於阿彌陀佛修菩薩道時，誓願宏深，長劫積功累德所致。阿彌陀佛普施十方無量衆生的功德，無窮無極，深大無量，說不能盡。

七重欄楯，七重行樹

舍利弗！彼土何故名為極樂，其國衆生，無有衆苦，但受諸樂，故名極樂。舍利弗！極樂國土，七重欄楯、七重羅網、七重行樹①、皆是四寶②周匝圍繞。是故彼國名為極樂。

《佛說阿彌陀經》

注釋：①七重欄楯、七重羅網、七重行樹：指一重欄杆圍繞一行樹林，一重網絡遮蓋一重樹林。一重隔一重，總共有七重，都是排列得很整齊的。②四寶：指金、銀、琉璃、玻璃。

語譯：佛叫舍利弗道：「那個世界，為什麼叫做極樂世界呢？因為生到那個世界的人，沒有種種的苦惱，只有享受種種的快樂，所以叫做極樂世界。」

佛又告訴舍利弗：「西方極樂世界，有一排一排的欄杆，總共有七重。一層一層的網絡，也有七重。還有一行一行的樹林，也總共有七重。這許多的欄杆、網絡、樹林，都是四種珍寶所成就的。並且那四種珍寶成就的一重一重的欄杆，把一重一重的樹林，四面圍起來。那四種珍寶成就的一重一重的網絡，也把一重一重的樹林，遮蓋起來，極爲壯觀。所以那西方的世界，叫做極樂世界。

西方極樂世界正報莊嚴

彼佛何故號阿彌陀

彼佛何故號阿彌陀？舍利弗！彼佛光明無量，照十方國，無所障礙，是故號爲阿彌陀。又舍利弗！彼佛壽命，及其人民，無量無邊阿僧祇劫①，故名阿彌陀。舍利弗！阿彌陀佛成佛以來，於今十劫。《佛說阿彌陀經》

說明：本章（及以下各章）描述西方極樂世界的正報莊嚴。正報包括教主阿彌陀佛的功德莊嚴，觀世音菩薩、大勢至菩薩的功德莊嚴，以及西方淨土中諸菩薩聖衆的殊勝妙德。

注釋：①阿僧祇：梵語，意為無數、無央數。阿僧祇劫：無法用數字來計算的時間單位。

語譯：那尊極樂世界的佛，爲什麼稱阿彌陀呢？佛告舍利弗：「那阿彌陀佛全身發出的光，是很亮很大的，能夠照到十方一切諸佛的世界，不會被別的東西遮隔住的，所以稱他阿彌陀。」

佛又叫舍利弗道：「阿彌陀佛，與生到西方極樂世界去的人，他們的壽命，都是無窮無盡，無法用數字來計算的，所以稱他爲阿彌陀。」佛又叫舍利弗道：「從阿彌陀佛成佛到現在，還只有十劫哩！」

光中極尊，佛中之王

佛告阿難：「阿彌陀佛，威神光明，最尊第一，十方諸佛所不能及。遍照東方恒沙佛刹，南西北方、四維、上下、亦復如是。若化頂上圓光，或一二三四由旬，或百千萬由旬，諸佛光明，或照一二佛刹，或照百千佛刹；惟阿彌陀佛，光明普照無量無邊無數佛刹。諸佛光明所照遠近，本其前世求道所願，功德大小不同，至作佛時各自得之。自在所作，不爲豫計。阿彌陀佛光明善好，勝於日月之明，千億萬倍，光中極尊，佛中之王。」

《佛說大乘無量壽莊嚴清淨平等覺經》

語譯：佛對阿難說：「阿彌陀佛的威神與光明，最爲尊貴，位居第一，十方一切諸佛都比不上。佛光遍照東方如同恒河的沙子一樣多的佛剎，其餘南西北三方與上上下下的一切佛剎，也都一樣的普照。倘若是化現項頂的圓光，或是幾十里，或是百千萬億里。至於諸佛的光明，近的照一二佛剎，遠的照百千佛剎，唯獨阿彌陀佛的光明普照到無量無邊的佛剎。」

「諸佛光明所照的遠近，根據他往昔求道時所發之願的大小，以及種種功德不同，在成佛時各各自然得到不同的妙果，都是自然成功，不靠安排造作。阿彌陀佛的光明賢善美好，超勝世間日月的光明千億萬倍，阿彌陀佛的光明在一切佛光中最爲尊貴，阿彌陀佛實是佛中之王。」

阿彌陀佛的十二種光明果德

是故無量壽佛，亦號無量光佛，亦號無邊光佛、無礙光佛、無等光佛，亦號智慧光、常照光、清淨光、歡喜光、解脫光、安穩光、超日月光、不思議光。

如是光明，普照十方一切世界。其有衆生，遇斯光者，垢滅善生，身意柔軟。

若在三途極苦之處，見此光明，皆得休息。命終皆得解脫。若有衆生聞其光明、威神、功德，日夜稱說，至心不斷，隨意所願，得生其國。

《佛說大乘無量壽莊嚴清淨平等覺經》

語譯：所以，無量壽佛又稱爲無量光佛，也稱爲無邊光佛、無礙光佛、無等光佛，又稱爲智慧光、常照光、清淨光、歡喜光、解脫光、安穩光、超日月光、不思議光。

上述阿彌陀佛的十二種殊勝妙光，普遍照耀到十方一切世界。如有遇到如是佛光的衆生，塵垢消滅，善根增長；並且身意柔軟，隨順佛道。倘有衆生在三惡道中最極苦痛的地方，見到佛的光明，苦難即時止息。在這一期受苦的壽命終了之後，都可以立即得到解脫。所以，衆生若能聞知十二光佛的殊勝光明，以及光明能令衆生破暗生明，頓脫生死的威神功德，聽到之後，日夜稱說，以至誠心相續不斷，隨你本人的意願都可以往生極樂世界。

壽命無量，聖衆無數

佛語阿難：「無量壽佛，壽命長久，不可稱計。又有無數聲聞之衆，神智通達，威力自在，能於掌中持一切世界。」

「我弟子中大目犍連，神通第一。三千大千世界，所有一切星宿衆生，於一晝夜，悉知其數。假使十方衆生，悉成緣覺，一一緣覺，壽萬億歲，神通皆如大目犍連。盡其壽命，竭其智力，悉共推算，彼佛會中聲聞之數，千萬分中不及一分。」

「彼佛壽量，及諸菩薩、聲聞、天人①、壽量亦爾。非以算計譬喻之所能知。」

《佛說大乘無量壽莊嚴清淨平等覺經》

注釋：①菩薩、聲聞、天人：西方極樂世界是純一菩薩法界。三種名稱是比照他方世界而言。根據斷惑的程度，天人住凡聖同居土；聲聞住方便有餘土，菩薩住實報莊嚴土。

語譯：佛對阿難說：「無量壽佛壽命的長久，沒有辦法能說，不可以稱量，不可以計算，還有聲聞（阿羅漢）之衆也無數。這些聲聞神通智慧，透徹通達事理，並且具備無比的自在威力，能在一個手掌之中握持一切世界。」

佛又說：「在我的弟子中，大目犍連是神通第一。三千大千世界中，有多少星星，有多少眾生，大目犍連在一晝夜之內，全部都能數清楚，都知道它們的數目。假設十方世界的所有眾生，都成緣覺（辟支佛），每一尊辟支佛都有萬億歲的壽命，神通都同大目犍連一樣。在這麼長的時間裡頭，都竭盡他們的智力來推算極樂世界有多少阿羅漢，仍是算不清，所計算出來的數，達不到實際數目的千萬分之一。」

「阿彌陀佛的壽命無量，國中菩薩、聲聞、天人也都是壽命無量；其壽量的長久不是計算與譬喻所能知曉的。」

聲聞弟子無量無邊

又舍利弗！彼佛有無量無邊聲聞弟子，皆阿羅漢，非是算數之所能知；諸菩薩眾，亦復如是。舍利弗！彼佛國土，成就如是功德莊嚴。又舍利弗！極樂國土，眾生生者，皆是阿鞞跋致；其中多有一生補處，其數甚多，非是算數所能知之，但可以無量無邊阿僧祇說。

《佛說阿彌陀佛經》

語譯：佛又叫舍利弗道：「那阿彌陀佛，有許多許多的聲聞弟子，聲聞總共有四種（須陀洹、斯多含、阿那含、阿羅漢），但是阿彌陀佛的聲聞弟子，都是阿羅漢。數目之多，不是用算法能夠曉得他們確切的數目的。不但是聲聞多得很，就是菩薩也很多很多，也像聲聞一樣數目不是所能計算得清楚的。舍利弗！西方極樂世界如上所述的好處，都是阿彌陀佛的功德所成就的。」

佛又叫舍利弗道：「凡是生到西方極樂世界去的衆生，只有一直修上去，不會有退轉的。所有生到西方極樂世界去的人裡頭，還有許多人，就在這一生中，補到佛的位子的數目，也多得很，也不是用算法，可以知道他們實在的數目的。只能夠拿這個無量無邊阿僧祇的大數目來說說。」

觀世音菩薩與大勢至菩薩

彼佛國中，諸菩薩衆，悉皆洞視、徹聽、八方、上下、去來，現在之事；諸天人民，以及蜎飛蠕動之類，心意善惡，口所欲言，何時度脫，得道往生，皆預知之。

又彼佛剎諸聲聞衆，身光一尋①，菩薩光明，照百由旬。有二菩薩，最尊第一，威神光明，普照三千大千世界。阿難白佛：「彼二菩薩，其號云何？」佛言：「一名觀世音②，一名大勢至③。此二菩薩，於娑婆界，修菩薩行。往生彼國，常在阿彌陀佛左右，欲至十方無量佛所，隨心則到。現居此界，作大利樂。世間善男子、善女人，若有急難、恐怖，但自皈命觀世音菩薩，無不得解脫者。」

《佛說大乘無量壽莊嚴清淨平等覺經》

注釋：①尋：長度單位，八尺為一尋。②觀世音菩薩：遍現法界眾生隨其機緣，而垂救度。③大勢至菩薩：此菩薩的大智至一切處，所以名為大勢至，與觀世音菩薩一道，襄侍阿彌陀佛左右，俗稱「西方三聖」。

語譯：西方極樂世界中的菩薩大衆，都能天眼洞見，天耳徹聽十方無量世界的過去、未來、現在的一切事情；他方世界六道衆生的起心動念、善端惡行、口所想說、以及何時解脫生死、何時證得道果、何時往生西方淨土，這些菩薩大衆都能預知。

極樂世界中聲聞衆的身光只有八尺，菩薩衆的光明，則能照耀數千里，其中有二位大菩薩最尊第一。其威神光明普照三千大千世界。阿難問佛：「這二位大菩薩的德號是什麼？」佛回答：「一位叫觀世音菩薩，一位叫大勢至菩薩。這二位大菩薩在我們這個娑婆世界修菩薩道。他們往生到西方極樂世界，常在阿彌陀佛的左右，襄助阿彌陀佛接引十方世界有緣的衆生。觀世音菩薩與大勢至菩薩能夠隨念遍至十方無量無邊的佛刹。他們現在居住在我們這個世界，教化饒益衆生。世間善男子善女人，倘若遇到急難恐怖，只要至誠皈命觀世音菩薩，虔稱觀世音菩薩的名號，都能得到解脫。」

入生死界，普濟衆生

彼佛刹中，所有現在、未來一切菩薩，皆當究竟一生補處。惟除大願，入生死界，爲度羣生，作獅子吼①，擐②大甲冑。以宏誓功德，而自莊嚴。雖生五濁惡世，示現同彼，直至成佛，不受惡趣。生生之處，常識宿命。

無量壽佛，意欲度脫十方世界諸衆生類，皆使往生其國，悉令得泥洹③道。作菩薩者，令悉作佛；既作佛已，轉相教授，轉相度脫。如是輾轉，不可復計。十方世界聲聞、菩薩、諸衆生類，生彼佛國，得泥洹道。當作佛者，不可勝數。

《佛說大乘無量壽莊嚴清淨平等覺經》

注釋：①獅子吼：譬喻佛講經說法。威神如獅子，發大音聲，震動世界。②擐：以身披掛鎧甲。③泥洹：即涅槃。

語譯：西方極樂世界中已經往生的和未來當往生的一切菩薩，都能一生究竟成佛。有一些菩薩發大願到他方世界的六道輪迴中，教化一切衆生。那些菩薩弘法利生，以誓願爲鎧甲，以濟度衆生的誓願和功德來莊嚴自己的慧命。那些菩薩雖然生到這五濁惡世中示現凡夫相，但他們以凡夫身修行，直到成就佛果，始終永離三惡道，生生世世都能憶知自己的宿命，沒有隔陰之迷，不會退轉。

阿彌陀佛的本願是度脫十方無量世界所有的六道衆生，唯願一切衆生都能生到西方極樂世界。令他們在西方淨土證得涅槃道果。極樂世界中作菩薩的人，令他們全都成佛；那些衆生成佛後，又到他方世界去救度衆生，令六道衆生往生淨土；那些往生者生到淨土成佛，又去救度十方衆生。這樣循環地教化度脫衆生，無有窮盡。十方無量世界的聲聞、菩薩以及各類衆生，往生到西方極樂世界證得佛果，以及將來當作佛的數量，數也數不盡。

到十方淨刹供養諸佛

彼國菩薩，承佛威神，於一食頃，復往十方無邊淨刹，供養諸佛。華、香、幢幡①、供養之具，應念即至，皆現手中。珍妙殊特，非世所有，以奉諸佛，及菩薩衆。其所散華，即於空中，合爲一華；華皆向下，端圓周匝。化成華蓋②，百千光色，色色異香，香氣普熏。蓋之小者，滿十由旬；如是轉倍，乃至遍覆三千大千世界。

隨其前後，以次化沒，若不更以新華（花）重散，前所散華，終不復落。於虛空中，共奏天樂；以微妙音，歌嘆佛德。經須臾間，還其本國，都悉集會七寶講堂。無量壽佛則爲廣宣大教，演暢妙法，莫不歡喜，心解得道。即時香風吹七寶樹，出五音聲，無量妙華，隨風四散，自然供養，如是不絕。《佛說大乘無量壽莊嚴清淨平等覺經》

注釋：①幢幡：旌旗類，竿柱高秀，頭安寶珠，以種種彩帛莊嚴稱幢，長帛下垂者稱幡。②華蓋：以花裝飾的傘蓋。

語譯：西方極樂世界中的菩薩，承蒙阿彌陀佛神力的加被，在一頓飯的時間內，就能遍往十方世界無量無邊的佛刹，供養一切佛。花、香、幢幡等供養物，隨應心念，都能變現在手中。所有的供物珍貴微妙，殊勝奇特，超世稀有。以這些供養，上求佛道，下化衆生。所散的衆花，在虛空中，合成一花，花皆向下飄墜，形狀端圓。四面環繞，最後結成花蓋。花蓋中具有百千種光與百千種色；百千種光與色中充溢奇異的妙香，香氣普熏無量無邊的世界。花蓋的大小，隨人心量，成倍增大，從四百里乃至遍覆三千大千世界。

當後到的菩薩散新花時，先前所散的花便化去。如果不再散新花，先前所散的花便永遠不會墜落。諸多菩薩在虛空中共奏天樂，以微妙的音聲贊嘆阿彌陀佛的功德。那些去他方供養諸佛的菩薩聖衆在極短的時間內，又都回到極樂世界，聚集在七寶講堂。在那裡，阿彌陀佛爲諸菩薩聖衆宣說大教妙法。大衆聽後無不歡喜，都能心開意解，契悟佛道。與此同時，香風吹拂七寶林樹，演出和雅的交響樂曲；無量無數的妙花，隨風四散，自然供養，連綿不絕。

妙花供佛，飯食經行

又舍利弗，彼佛國土，常作天樂。黃金爲地，晝夜六時①，天雨曼陀羅華②。其土衆生，常以清旦，各以衣裓③，盛衆妙華，供養他方十萬億佛。即以食時，還到本國，飯食經行，舍利弗！極樂國土成就如是功德莊嚴。

《佛說阿彌陀經》

注釋：①晝夜六時：印度的計時，晝三時（日出、日中、日沒），夜三時（初夜、中夜、後夜），總稱晝夜六時。②曼陀羅華：譯為適意，人見到這種花，心情快樂。③衣裓：衣服的襟。

語譯：佛又叫舍利弗道：「西方極樂世界，常常演奏很好聽的各種天樂。地是黃金的，晝夜六時，天上常常不停歇的落下花來。這種花叫曼陀羅花，很香很好看的。生在西方極樂世界的衆生，常常在清早的時候，各人都用自己的衣襟，盛滿許多很美妙的花，供養他方世界十萬億佛。他們清早去的，到吃飯的時候，已經回到自己本來安住的西方極樂世界來了。回來了，就吃飯，吃過了飯，就在佛前各處地方，周圍繞轉的經行，或念佛或參禪。舍利弗！西方極樂世界上述種種殊勝，都是阿彌陀佛的功德所成就的。」

諸菩薩衆的神通威德

彼佛刹中，一切菩薩，禪定、智慧、神通、威德，無不圓滿。諸佛密藏①，究竟明了。調伏諸根，身心柔軟；深入正慧，無復餘習。依佛所行，七覺②聖道③，修行五眼，照真達俗。肉眼簡擇，天眼通達，法眼清淨，慧眼見真，佛眼具足，覺了法性。

辯才總持，自在無礙。善解世間無邊方便，所言誠諦，深入義味，度諸有情，演說正法。無相、無爲、無縛、無脫、無諸分別，遠離顛倒。

於所受用皆無攝取，遍遊佛刹，無愛無厭，亦無希求、不希求想，亦無彼我違怨之想。何以故？彼諸菩薩，於一切衆生，有大慈悲利益心故。捨離一切執著，成就無量功德，以無礙慧，解法如如。善知集滅④音聲方便；不欣世語，樂在正論。

知一切法悉皆空寂；生身煩惱，二餘⑤俱盡。於三界中平等勤修，究竟一乘，至於彼岸，決斷疑網，證無所得。以方便智，增長了知。從本以來，安住神通，得一乘道⑥，不由他悟。

《佛說大乘無量壽莊嚴清淨平等覺經》

注釋：①密藏：法身如來所說的深奧之實語。②七覺：七覺支，即：一、擇法覺支，二、精進覺支，三、喜覺支，四、輕安覺支，五、念覺支，六、定覺支，七、行舍覺支。③聖道：八正道，即：正見、正思惟、正語、正業、正命、正精進、正念、正定。④集滅：四聖諦：苦、集、滅、道。⑤二餘：苦、集的餘殘。⑥一乘：成佛的唯一至道，最極圓頓的教法。

語譯：西方極樂世界中的一切菩薩，都能圓滿成就禪定、智慧，神通及威德。對於諸佛的法身奧義都能究竟契入，洞曉明白。能夠調和六根（眼、耳、鼻、舌、身、意）、不生煩惱，身心柔軟，隨順於道。深入眞正的慧心，滌除殘存的煩惱習氣。依照佛的教導來修行，奉持七覺支、八正道，修行五眼（肉眼、天眼、法眼、慧眼、佛眼），覺照眞如實性，通達風俗人情。肉眼能夠照見現在的色像，天眼能夠洞視十方世界的情景，法眼遍觀宇宙萬法，慧眼能見法性眞空，佛眼徹照一切，覺悟中道第一義諦。

西方極樂世界的菩薩，具足種種無礙的辯才，綱領清晰，自在無礙。了知世間的人情風俗，隨衆生的根機善巧說法。言辭誠懇眞實，契理契機，令聽聞者都能解脫生死。所宣演的都是正法，正法的標準是：不著相、不造作、無煩惱、無解脫，沒有分別妄想，遠離無明顚倒。

西方極樂世界的菩薩平等遊化十方佛刹，對於所受用的妙物，旣無愛樂，也無厭棄；清淨無爲，契入中道。對於一切衆生都能平等普度，沒有親疏恩怨的分別。爲什麼呢？因爲西方極樂世界的菩薩具有大慈悲心，願欲饒益一切衆生；捨離一切執著，成就無量功德。善於觀機適宜地說法；不欣世間無益之語，只喜歡解脫生死的正法。

他們了知世出世間的萬法體自空寂，生身與煩惱及其二者的習氣，全都斷盡。這些菩薩證得道果後，示現在三界（欲界、色界、無界）中，以平等心，精勤修習，徹底到達大涅槃的彼岸。決斷疑網，證得自性根本智。以方便善巧的智慧，增長知解，洞明心源。一切神通，從無始以來，自然安住，通達無礙，證得究竟的佛果。西方極樂世界衆菩薩的種種功德，都是自性中本有的，不是從心外得到的。

佛告彌勒菩薩、諸天人等：「無量壽國聲聞、菩薩、功德智慧不可稱說。又其國土微妙安樂、清淨若此，何不力爲善，念道之自然！出入供養，觀經行道；喜樂久習，才猛智慧；心不中回。意無懈時。外若遲緩，內獨馳急；容容虛空，適得其中；中表應相，自然嚴整。檢斂端直，身心潔淨。無有愛貪，志願安定。無增缺減，求道和正①。不誤傾邪。隨經約令。不敢蹉跌，若於繩墨；咸爲道慕，曠無他念，無有憂思。」

「自然無爲，虛空無立，淡安無欲。作得善願，盡心求索。含哀慈愍，禮義都合。苞羅②表裡，過度解脫。」

「自然保守，真真潔白，志願無上，淨定安樂。一旦開達明徹，自然中自然相，自然之有根本，自然光色參回，轉變最勝。鬱單③成七寶，橫攬④成萬物；光精明俱出，善好殊無比；著於無上下，洞達無邊際。」《佛說大乘無量壽莊嚴清淨平等覺經》

注釋：①和正：和指六和敬：身和敬、口和敬、意和敬、戒和敬、見和敬、利和敬。正指八正道。②苞羅：包容含攝。③鬱單：又名鬱單越，即北俱盧洲。④橫攬：從虛空攝取。

語譯：佛告彌勒菩薩，及其與會的一切天人：「西方極樂世界的聲聞、菩薩的功德智慧，無量無邊，說不能盡。西方極樂世界如此的微妙莊嚴、安樂清淨，你們爲什麼不努力斷惡修善，念佛求生西方淨土呢？」

「極樂世界的菩薩飛行十方世界，平等供養諸佛及其一切衆生。他們嫻熟經語，常起觀照，身、語、意三業清淨，法喜安樂，願意長久修習，本有的智慧才藝得以現前。心願堅固，不會中途退轉，不起懈怠之心。外觀寬緩安閒，內心精進不已。從容中道，心等虛空。表裡相應，威儀莊嚴整肅，身形檢斂端直，心地潔淨，遠離貪愛，修道的志願堅定不移，不增不減，以六和敬與八正道來求證佛道。不受衆魔外道的迷惑，恪守經典的約束，如同木匠依繩墨施工那樣，不敢有絲毫的違失。慕道之心殷切，沒有其他的妄想雜念，斷除憂慮與懷疑。」

「極樂世界的菩薩，不因造作，自然安住在無爲法中。心同虛空，一法不立；

淡（澹）泊安寧，沒有愛欲；大慈大悲，普度眾生；精勤修習，不疲不厭。哀憐憫念一切眾生，講經說法能夠契合世間的道德法令。教學相長，圓融無礙，能夠攝令有緣眾生速捷出離生死，永得解脫。」

「他們能夠任運保持眞如本性，沒有絲毫的污染。每位菩薩都矢志成就無上的佛果。他們的心地清淨，寂然不動，安然自在，安穩快樂。一旦機緣成熟，刹那間大徹大悟，了知萬法都是自性本然的實相。自然之中自有本體，從眞性中自然流出無量的光明色相，互滲互入，溶成一體。周流迴轉，變化無窮，無與倫比。像北俱盧洲一樣，衣食自然豐足，七寶自然生出；萬物自然流現在虛空中，自心本來具足的萬德自然顯現，清淨莊嚴，殊勝無比。明了無有上下的平等理體。洞達心源，無邊無際，受用不盡。」

菩薩聖眾的妙德

其智宏深，譬如巨海；菩提高廣，喻若須彌；自身威光，超於日月；其心潔白，猶如雪山；忍辱如地，一切平等；清淨如水，洗諸塵垢；熾盛如火，燒煩惱薪；不著如風，無諸障礙。法音雷震，覺未覺故。雨甘露法①，潤眾生故。曠若虛空，大慈等故。如淨蓮華，離染污故。如尼拘樹②，覆蔭大故。如金剛杵③，破邪執故。如鐵圍山④，衆魔外道不能動故。其心正直，善巧決定，論法無厭，求法不倦；戒若琉璃內外明潔，其所言說，令衆悅服。

《佛說大乘無量壽莊嚴清淨平等覺經》

注釋：①甘露法：譬喻佛的教法。②尼拘樹：又譯無節樹、縱廣樹，譬喻大乘佛法。③金剛杵：原為印度兵器，密宗用為法器，表示堅利的智慧。④鐵圍山：一小世界以須彌山為中心，外有八山八海，最外圍的山叫鐵圍山。

語譯：西方極樂世界的菩薩具有諸多的眞實功德。他們的智慧像大海那樣宏深。慧性如須彌山那樣的高廣；自身的威德光明超於日月；心地像雪山那樣的潔白；忍辱如大地，一切平等；內心淸淨，猶如淨水，洗除種種煩惱垢染；似火的智慧，速疾燒盡煩惱之薪；不執著世出世間一切法，如風行空，自在無礙。淸淨的法音猶如雷震，覺醒迷惑的衆生。傳播大乘佛法，猶如甘露普潤衆生。心量廣大，等同虛空，大慈平等。

他們潔淨如蓮花，出汚泥而不染。以淨宗法門作一切衆生的庇蔭，以金剛正智，破除一切邪執煩惱。他們的願心如鐵圍山那樣的堅固，不會被衆魔外道所動搖。其心正直，隨緣善巧，眞實不變，自覺覺他，說法不厭，求法不倦；戒德清淨，譬如琉璃，內外光明潔淨，演說妙法，令衆生心悅誠服。

容色微妙，無差別相

彼極樂國所有衆生，容色微妙，超世稀有，咸同一類，無差別相。但因順餘方俗，故有天人之名。

佛告阿難：「譬如世間貧苦乞人，在帝王邊，面貌形狀寧可類乎？帝王若比轉輪聖王，則爲鄙陋，猶彼乞人在帝王邊也；轉輪聖王，威相第一，比之忉利①天王，又復醜劣；假令帝釋②，比第六天，雖百千倍，不相類也；第六天王，若比極樂國中菩薩、聲聞、光顏容色，雖萬億倍，不相及逮。」

「所處宮殿、衣服、飲食，猶如他化自在天王③，至於威德、階位、神通、變化，一切天人不可爲比；百千萬倍，不可計倍。阿難應知！無量壽佛極樂國土，如是功德莊嚴，不可思議。」

《佛說大乘無量壽莊嚴清淨平等覺經》

注釋：①忉利天：又譯三十三天，欲界天中的第二重天，在須彌山之頂，閻浮提之上。②帝釋：忉利天的天主。俗稱玉皇大帝。③他化自在天王：欲界天中的第六天。第六天的天人可以享用其他天的樂事，自在遊戲。

語譯：西方極樂世界中所有的衆生，貌容與色相非常美好，超世稀有。極樂世界人民的形狀色相，彼此相同，沒有差別。那爲什麼又有天人的名稱呢？這是隨順世間的習俗而已。（實則極樂世界純一菩薩法界）

佛對阿難說：「（五重的比方）譬如一個窮苦的叫化子，站在帝王身旁，他的面貌形狀同帝王能相比嗎？要拿人間的帝王比轉輪聖王，人世的王，就卑鄙醜陋多了，就像乞丐在人王的身旁一樣；轉輪聖王雖然威相第一，可是要比起忉利天王，那麼轉輪聖王又醜劣很多了；忉利天王假設，比第六天王（第六天是他化自在天，這是欲界天最高的一個天），又遠遠不如，相差百千倍都不止；第六天王若與極樂世界的天人、菩薩、聲聞相比，又遠遠不如，即便把第六天王的容色，提高一萬億倍，也趕不上。」

「極樂世界人民所居的宮殿、穿著的衣服、吃用的飲食，這些享受都同他化自在天王一樣。至於極樂世界人民的威神功德、階次品位、神通變化，更是十方世界的一切天人都不能相比的，所超過不止百千萬億倍，而是說不清的倍數。阿難！你要知道，阿彌陀佛的極樂世界，這樣種種的功德莊嚴，實在是不可思議。」

十方諸佛讚嘆

復次阿難，東方恒河沙數世界，一一界中如恒沙佛，各出廣長舌相①，放無量光，說誠實言，稱讚無量壽佛不可思議功德。南西北方恒沙世界，諸佛稱讚亦復如是。四維上下恒沙世界，諸佛稱讚亦復如是。

何以故？欲令他方所有衆生聞彼佛名，發清淨心，憶念受持，皈依供養，乃至能發一念淨信。所有善根，至於迴向，願生彼國，隨願皆生，得不退轉，乃至無上正等菩提。

《佛說大乘無量壽莊嚴清淨平等覺經》

注釋：①廣長舌相：佛的三十二相之一，又廣又長又軟又薄，舌頭從嘴裡伸出來，到上頭能蓋住自己的臉並能達到自己的頭髮。廣長舌表示無量劫以來，沒有妄語、綺語、兩舌、惡口四種過失，所以感得廣大舌相。

語譯：佛又對阿難說：「東方虛空有如恒河的沙那麼多的世界，每一個世界裡頭有如恒河沙那麼多的佛，每一尊佛都現出廣長舌相，放無量光，說誠實之言，稱揚贊嘆阿彌陀佛不可思議的功德；南西北方多如恒河沙世界的諸佛，也同樣稱贊阿彌陀佛不可思議的功德；十方多如恒河沙世界的諸佛，也都同樣稱揚贊嘆阿彌陀佛不可思議的功德。」

「爲什麼十方諸佛都稱贊阿彌陀佛呢？就是想要極樂世界以外所有衆生聽聞到阿彌陀佛名號，生起純一清淨的信心，憶佛功德，念佛名號，信受堅持，以自己心歸向依止阿彌陀佛，如說修行，乃至能夠發一念純淨的信心。用自己所有的善根，至心迴向，願生極樂世界。於是隨你發的願，必定如願往生；而且住不退轉，乃至成就無上正等正覺。」

禮佛現光，目睹西方淨土

佛告阿難：「若曹欲見無量清淨平等覺，及諸菩薩、阿羅漢等所居國土，應起西向，當日沒處，恭敬頂禮，稱念南無阿彌陀佛。」

阿難即從座起，面西合掌，頂禮白言：「我今願見極樂世界阿彌陀佛，供養奉事，種諸善根。」頂禮之間，忽見阿彌陀佛容顏廣大，色相端嚴，如黃金山，高出一切諸世界上；又聞十方世界諸佛如來，稱揚讚嘆阿彌陀佛種種功德，無礙無斷。

阿難白言：「彼佛淨剎，得未曾有，我亦願樂生於彼土。」世尊告言：「其中生者，已曾親近無量諸佛，植衆德本；汝欲生彼，應當一心皈依瞻仰。」

作是語時，阿彌陀佛即於掌中放無量光，普照一切諸佛世界。時諸佛國皆悉明現，如處一尋。以阿彌陀佛殊勝光明、極清淨故，於此世界所有黑山①、雪山②、金剛、鐵圍、大小諸山、江河、叢林、天人宮殿，一切境界，無不照見。譬如日出，明照世間；乃至泥犁③溪谷、幽冥之處，悉大開闢，皆同一色，猶如劫水彌滿世界；其中萬物沉沒不現，滉漾浩瀚，唯見大水；彼佛光明，亦復如是；聲聞、菩薩一切光明悉皆隱蔽，唯見佛光明耀顯赫。

此會四衆、天龍八部④、人非人等，皆見極樂世界種種莊嚴，阿彌陀佛於彼高座，威德巍巍，相好光明；聲聞、菩薩圍繞恭敬。譬如須彌山出於海面，明現照耀，清淨平正，無有雜穢及異形類。唯是衆寶莊嚴，聖賢共住。阿難及諸菩薩衆等，皆大歡喜，踴躍作禮，以頭著地，稱念南無阿彌陀三藐三佛陀⑤。

諸天人民以至蜎飛蠕動，睹斯光者，所有疾苦莫不休止，一切憂惱莫不解脫。悉皆慈心作善，歡喜快樂。鐘、磬、琴、瑟、箜篌、樂器、不鼓自然皆作五音；諸佛國中諸天人民，各持花香，來於虛空散作供養。

爾時極樂世界，過於西方百千俱胝那由他國，以佛威力，如對目前，如淨天眼觀一尋地；彼見此土，亦復如是；悉睹娑婆世界釋迦如來，及比丘衆，圍繞說法。

《佛說大乘無量壽莊嚴清淨平等覺經》

注釋：①黑山：山名，又名黑嶺。②雪山：即喜馬拉雅山，山頂常年積雪，所以叫雪山。③泥犁：指地獄。④天龍八部：天、龍、藥叉、乾闥婆、阿修羅、迦樓羅、緊那羅、摩睺羅伽。⑤三藐三佛陀：佛十號中的第三號，譯作正遍知。

語譯：佛告訴阿難：「你們大家如果想見阿彌陀佛，及其諸菩薩、阿羅漢等所居住的西方淨土，便應當起立向西，面對太陽沉落的方位，恭敬頂禮，至心稱念南無阿彌陀佛。」

阿難聽到佛的教誨後，當即從座位上站起來，合掌面西，稱佛名號，頂禮發願：「我現在願見極樂世界阿彌陀佛。供養奉事，種植一切善根。」頂禮尚未完畢，就見到阿彌陀佛容顏廣大，相好莊嚴，身形巍巍如黃金，高立在十方一切世界的上方。阿難及與大衆還聽聞到十方世界諸佛如來，稱揚贊嘆阿彌陀佛的種種功德，妙辯無礙，盡未來際無有間斷。

阿難稟告佛陀：「我親眼看到阿彌陀佛的德相莊嚴，及其西方淨土種種清淨莊嚴，這些都是前所未見的。我也發願願往生到西方極樂世界。」佛回答阿難：「能夠生到西方極樂世界的衆生，都曾已於無量諸佛，親近供養事奉修習，廣植德本。你如發願往生西方淨土，應當一心皈依，念佛憶佛。」

釋迦牟尼佛講這話時，阿彌陀佛即於掌中放出無量的光明，佛光普照一切佛國。因爲佛光加持，與會的大衆都能見到十方佛國，如同睹見八尺內的景物那樣的清楚。由於阿彌陀佛極其清淨、殊勝的光明，所以，這個世界的一切山河境物，諸如：黑山、喜馬拉雅山、金剛山、鐵圍山、大小諸山、江河、叢林、天人宮殿，一切境界，都沒有不被佛光照見的。猶如太陽東升，光明照耀世間一樣。甚至地獄、深谷等極幽暗的地方，也都開闢明現。並且，這所有的景物都呈一種金黃色。猶如壞劫的大水，瀰滿世界。整個世界的萬物都沉沒不見，唯見大水浩瀚無邊。阿彌陀佛的光明，也同大水一樣。這時，聲聞、菩薩衆的一切光明都晦暝不現，只見佛光明朗、照耀、顯赫。

與會的四衆弟子（比丘、比丘尼、優婆塞、優婆夷）、天龍八部、人、非人等，都親眼見到西方極樂世界的種種莊嚴。又見到阿彌陀佛高坐在蓮花上，威德巍巍，相好光明；聲聞、菩薩圍繞恭敬。譬如須彌山高出於海面，阿彌陀佛光明無量，佛剎寬廣平正，清淨安隱（穩）。沒有雜亂污穢，也沒有土石瓦礫，純是衆寶所成，莊嚴妙好。諸多的聖賢共住在淨土。阿難及其與會的菩薩衆等，承蒙佛恩，目睹瑞相，皆大歡喜，踴躍作禮，五體投地，至誠稱念南無阿彌陀佛！

十方世界一切天人，乃至畜生道的衆生，見到阿彌陀佛的光明，所有的疾苦莫不休止，一切憂悲苦惱莫不解脫。全都身意柔軟，慈心向善。鐘、磬、琴、瑟、箜篌、樂器，不須彈奏，自然發出和雅的音樂。十方世界的天人各持花香，來到虛空散布，以作供養。

就在那個時候，十萬億佛土之外的西方極樂世界，由於佛力加持，呈現在大衆的眼前，如同清淨天眼觀見八尺內的景物那樣清楚明白。西方極樂世界的佛、菩薩觀見這個娑婆世界，也同樣的清楚。西方淨土的聖衆都能見到娑婆世界的釋迦牟尼佛在這個法會中，向大眾宣說這部《大乘無量壽莊嚴清淨平等覺經》，四眾弟子恭敬圍繞聽法。

一則神遊西方淨土的記述

明代進士袁中道記

神遊西方淨土

萬曆甲寅十月十五日，課畢趺坐，形神靜爽，忽瞑去，如是定。俄魂出屋上，月正明，不覺飄然輕舉，疾如飛鳥，雲中二童子馳呼予曰：「逐我來，蓋西行也。」下視山澤平疇，城邑村落，若垤①土杯水，蜂衙蟻穴。少墜，穢不可聞，極力上振，乃否。

俄二童子下至地曰：「住。」予隨下，見坦道如繩，平如掌，視其地，非沙石，光耀滑膩，逐路有渠，文石爲砌，寬十餘丈許。中五色蓮，芬香非常，渠上樹枝葉晃耀，好鳥和鳴。間有金橋界渠，欄楯交羅。樹內樓閣，整麗無比。數中人清美研好，宛若仙。皆睨②予笑。童子行，予追不及，大呼曰：「可於金橋少待。」童子如言，始及之。共倚橋上寶欄少息。

予揖問：「卿何人？此何處？幸爲我言。」曰：「予靈和先生侍者也。先生與卿有所晤言。」予曰：「先生何人？」曰：「即令兄中郎先生，相見自爲卿言，可疾往。」復取道至一處，樹千餘株，葉翠羽，花金瓣，樹下池水汩汩，池上白玉扉。一童先入，一童導過樓閣二十餘重，金色晃耀，靈華異草拂檐楹③。至一樓下，一人下迎，神似中郎，而顏如玉，衣若雲霞，長丈餘，見而喜曰：「弟至矣。」攜上樓，設拜。有四五天人來共坐。中郎曰：「此西方邊地也，信解未成，戒寶未全者，多生此。亦名懈慢國。上方有化佛樓臺，前有大池，可百由旬，中有妙蓮，衆生託體，滿則散處樓臺，與有緣淨友相聚。以無淫聲美色，勝解易成，不久進爲淨土中人。」予私念如此尚是邊地耶？問：「兄生何處？」中郎曰：「我淨願雖深，情染未除，初生此少時，今居淨域矣。終以乘急戒緩④，僅地居。不能與大士升虛空寶閣，尚需進修耳。幸宿生智慧猛利，又曾作《西方論》，贊嘆如來不可思議度生之力，感得飛行自在，遊諸剎土。諸佛說法，皆得往聽，此實爲勝。」

拉予行，冉冉上升，倏忽千萬里。至一外，隨中郎下，無日月，無晝夜，光耀無障蔽，皆以琉璃爲池，内外映徹。以黃金繩，雜廁間錯。界以七寶，分劑分明。樹皆栴檀吉祥，行行相值，莖莖相望，數萬千重，一一葉出衆妙華，作異寶色。下爲寶池，波揚無量自然妙聲。其底沙，純以金剛，池中衆寶蓮，葉五色光。池上隱隱危樓回帶，閣道傍出，棟宇相承，窗闥⑤交映，階墀⑥軒⑦楹，種種滿足，皆有無量樂器，演諸法音。大、小《彌陀經》所載，十不得其秒忽耳。

仰而睇之，空中樓閣，皆如雲氣。中郎曰：「汝所見，淨土地行衆生光景也。過此爲法身大士住處，甚美妙，千倍萬倍於此。神通亦百倍千倍於此。吾以慧力遊其間，不得住也。過此爲十地等覺所居，吾亦不得而知。過此爲妙覺所居，唯佛與佛乃能知之。」

語罷，復至一處，無牆垣，有欄楯。院宇光耀非常，不知何物爲之。覺黃金白玉，皆如土色。共坐於一樓下少談，中郎曰：「吾不圖樂之至此極也，使吾生時嚴持戒律，尚不止此。大都乘戒俱急，生品最高；次戒急，生最穩。若有乘無戒，多爲業力所牽，流入八部鬼神⑧衆去，予親見同人矣。弟般若氣分頗深，戒定力甚少。夫悟理不能生戒定，亦狂慧也。歸五濁，趁强健，實悟實修兼淨願，勤行方便，憐憫一切，不久自有良晤。一入他途，可怖可畏。如不能持戒，有龍樹六齋法現存，遵而行之。殺戒尤急，寄語同學，未有日啓鸞刀，口貪滋味，而能生清泰⑨者也。雖説法如雲如雨，何益於事？我與汝空王劫時，世爲兄弟，乃至六道，莫不皆然。幸我已得善地，恐汝墮落，方便神力，攝汝至此。淨穢相隔，不得久留。」予更問伯修⑩諸人生處。曰：「生處皆佳，汝後自知。」忽陵空而逝。予起步池上，如墮。一駭而醒，通身汗下。時殘燈在篝⑪，明月照窗，更四漏矣。

袁中道：《珂雪齋外集》

說明：袁中道：字小修，號上生居士。袁宏道之弟，明代萬曆進士。歷官府學教授，國子博士，禮部郎中。宿奉佛教，初學禪法，後改修淨土，精進異人，屢見瑞象。一夕晚課完畢，神遊淨土，如上所記。命終時，安然坐化。有《珂雪集》傳世。

注釋：①垤：小土堆。②睨：斜著眼睛看。③楹：堂屋前部的柱子。④乘急戒緩：偏重於慧業弘法而戒律鬆弛。⑤闥：門。⑥墀：臺階上面的空地。⑦軒：有窗的廊子或小屋子。⑧八部鬼神：四天王所領的鬼有：一、乾闥婆：不食酒肉，唯以香資陰身。二、毘舍門闍：食人及五谷精氣的惡鬼。三、鳩槃茶：厭魅鬼。四、薜荔多：被饑渴所逼的餓鬼。五、諸龍：水屬之王。六、富單那：主熱的病鬼。七、夜叉：勇健鬼。八、羅剎：譯為捷疾鬼。⑨清泰：指西方極樂世界。⑩伯修：即袁宗道。是袁宏道和袁中道的長兄。⑪篝：竹籠。

語譯：萬曆甲寅十月十五日，晚課做完後，我在書齋內跏趺靜坐，形神清淨爽朗，忽然閉目如睡眠。在這樣的寂定中，一會兒，魂識便到了屋上。月色正明，不知不覺便飄然往上飛升，速度快如飛鳥。這時，雲層中有二童子飛駛而來，呼著我的名字說：「隨我來。」乃是向西方而去。從雲層看底下的高山、河澤、平原、田地、城邑、村落，猶如小土堆的土、杯中水、蜜蜂的蜂巢、螞蟻的洞穴。往下降落少許，便感臭穢難聞。極力往上振飛，才擺脫下方的穢臭濁氣。

不一會兒，二童子降到地面說：「停！」我跟隨著下地。只見道路整齊，縱橫如繩，平坦如手掌。審視地面，不是沙石，路面光耀閃閃，細膩平滑。沿途都有水渠，水渠由各色紋石砌成。約有十餘丈寬，水中有五色（青、黃、赤、白、紅）蓮花，非常芬香。水渠岸邊的樹枝花葉金色晃耀；好鳥鳴叫和雅，隔不多遠便有金橋橫架渠面，欄杆交錯羅列，樹叢中間的樓閣，無比的整齊秀麗。樓閣中的人清秀美好，宛若天仙，這些人都微笑著注視我。二童子繼續往前走，我追趕不上，便大聲說：「你們在金橋上等我！」二童子果然在橋上等我，我才趕上。三人都靠著橋上寶欄稍作休息。

我拱手作揖問童子：「您是何人？這是什麼地方？希望能為我解答。」童子回答：「我是靈和先生的侍者，靈和先生要與您晤談。」「靈和先生是誰？」我問道，童子說：「靈和先生就是您的兄長袁中郎先生，等到見面時自有話對您說，我們得趕快去。」

又走到一個地方，樹木千餘株，葉吐翠綠，花開金瓣。樹下池水汩汩，水池上有白玉門扇。一童子先進門去了，一童子引導我穿過二十餘重樓閣，樓閣金色晃耀，屋檐柱子上，拂滿了靈花異草。徑到一幢樓閣下，只見一人下樓迎接，神態很像中郎，容顏如玉，衣若雲霞，有一丈餘高。這人見到我便歡喜地說：「弟弟到了！」攜我上樓，相互禮拜後就坐。當時，有四、五個天人也一道共坐。中郎說：「這裡是西方極樂世界的邊地。修淨土的衆生中，信心悟解未能成就，持戒不精嚴的，大多生在這個地方。這個邊地又叫懈慢國。上方有化佛的樓臺，前面有大池，方圓約有一萬餘里，池中有妙色蓮花，衆生託體其中而化生。池中蓮花滿時，則到處都是樓閣亭臺。在這裡能與有緣的淨友相聚。因爲這裡沒有淫聲美色，殊勝的悟解容易成就。所以，生到這裡的衆生不久便可進到西方極樂世界中去。」我內心思忖：這般妙好的地方還只是西方邊地，便問中郎：「二兄您生在何處？」中郎說：

「我往生的願力雖深，然而情染未能消除，起初生到這裡有一小段時間，現在居住在淨土了。到了淨土，最終還是由於偏重慧業，戒律鬆弛，僅得居住在地面，不能與菩薩聖衆升到虛空寶樓閣中，還需要繼續修行。値得慶幸的是，由於我宿生智慧猛利，又曾撰寫《西方合論》。贊嘆如來不可思議的濟度衆生的神力，因而感得現在飛行自在，遍遊諸佛的刹土。諸佛講經說法，都能前往諦聽，這實在是很殊勝的。」

說完，中郎兄拉著我走出去，冉冉升空，轉眼間就到了千萬里之外的一個地方，我隨中郎下到地面，這個地方沒有日月，沒有晝夜，光輝照耀，無有障礙隱蔽之處。地面全是琉璃，內外交映徹照；以黃金爲繩，雜廁地中；縱橫間錯，以七寶（金、銀、琉璃、玻璃、硨磲、赤珠、瑪瑙）爲地界，整齊分明。樹木都是栴檀樹，吉祥妙好。一行行的樹，對稱齊整，樹上的枝幹，莖莖對稱相望。樹木有千萬重——樹葉開敷衆多的妙花——妙花放出異寶光色。樹下是七寶池，池中水波蕩漾，發出無量自然美好的音聲。池底純以金剛細沙鋪成，水池中有衆多的寶蓮花，一一花葉放出五色光輝。七寶池上，隱隱可見高樓林立，道路旁邊，亭閣間錯，棟宇相連不斷，門窗交相輝映；臺階廊檐，悉皆具足。遍地都有無量無數的樂器宣演法音。大、小《彌陀經》所記載的，與這裡的景象相比，萬中不及一。

我仰頭向上看，只見虛空中的樓閣，都猶如水晶凝成的聚合體。中郎說：「你所見到的是淨土中地行衆生的情景。穿過這個地域便是菩薩聖衆的住處。那個地方非常美妙，勝過這個地方千萬倍。菩薩聖衆的神通也比這個地方的衆生强千百倍。我憑藉慧力能夠在那個地方遊行，但不能居住在那裡。菩薩聖衆的住處後面，是十地菩薩和等覺菩薩所居之處。其中的情景我不知道，再後面乃爲妙覺（佛）所居之處，其中的境界唯有佛與佛方能知曉。」

說完，又到了一個地方，這個地方沒有牆壁，只有柵欄，庭院房檐，光耀非常，不知道是什麼寶物構成。只覺得黃金、白玉與之相比，都如土色。我與兄長共坐在一樓下談話，中郎說：「我沒想到生到這裡，有這般的快樂！假使我在世時嚴持戒律，還不止這個品位。一般來說，有智慧力，又嚴持戒律的人，往生的品位最高；其次是嚴格持戒的，往生最穩當。如果有慧力而不持戒，大多被業力所牽，輪轉到八部鬼神衆去，我親眼見到一些同修落得這個結果。弟弟！你智慧氣分頗深，戒力定力甚少，要警覺。悟解理體而不能生戒定力，即是狂慧。你回到五濁世界（娑婆世界）後，趁著身體强健，眞實體悟。如果不生淨土，就難免輪轉六道，實在可怖可畏。假如不能盡持戒律，現有龍樹菩薩六齋法，望你遵而行之。一切戒中，殺戒最爲緊要。你回去後轉告同修，每日操刀殺生，口貪滋味的人，是不能夠生到阿彌陀佛極樂世界的。這種人即便講經說法如雲如雨，也無濟於事。我與你自空王劫時，世世作爲兄弟，甚至流轉在六道（天、人、阿修羅、畜生、餓鬼、地獄）中，都是兄弟。如今我慶幸地生到善地，我擔憂你墮落，便用善巧神力，把你攝到這裡，淨土和穢土相隔，你不得久留。」我趕緊問長兄袁宗道等人的生處。中郎說：「生的地方都很好，你以後自會知曉。」說完，中郎忽然凌空而去。我在池邊開步走，往下墜去，驚駭而醒，全身汗下。當時，竹籠裡尚存殘燈，明月映照窗扉，已是夜裡四更天了。

三、淨宗十三祖傳略

淨宗初祖：慧遠大師

慧遠大師（西元三三四～四一六年）：東晉時期的佛教領袖。俗姓賈，雁門樓煩（今山西代縣）人，出生於世代書香之家。

慧遠大師從小資性聰明，勤思敏學，十三歲時便跟隨舅父遊學。精熟儒學，旁通老莊。二十一歲時，打算到江東隨范宣子遊學。那個時候，道安法師（當時的佛教領袖）在太行山設立道場。慧遠大師偕弟慧持前往受教。聆聽道安法師講《般若經》。聽後，慧遠大師悟徹真諦，感歎地說：「儒、道、九流學說，皆如糠秕。」當即發無上道心，與弟弟一道隨道安法師出家修行，並發宏誓大願，以續佛慧命爲己任。

出家後，慧遠大師精進修持，不辭辛苦困頓，道念日純。道安法師常對人說：「佛道東流，在慧遠了。」慧遠大師二十四歲的時候，便開始講經說法。聽衆有不能理解的地方，慧遠大師便援引莊子的譬喻作講解，令聽衆清楚地領悟。由於這種講經的善巧方便，道安法師便特許慧遠大師閱讀外道典籍。

在弘法傳道的過程中，有不少人皈依到慧遠大師的座下。有一年，慧遠大師率領弟子數十人，打算去羅浮山。路過潯陽（今江西九江），望見廬山清靜，是息心斂影修行的勝地。他們起初住在離水源較遠的龍泉精舍，當時，慧遠大師以手杖敲打地面說：「我如果與這塊地方有緣，這塊土地就應當出現泉水。」說完，地下泉水湧出。過了不久，九江地區遭遇大旱，慧遠大師來到泉池邊，虔誦《海龍王經》，忽然見到神蛇從池中騰空而起，隨即大雨傾注，令大旱之地成爲豐收之年。因爲這個因緣，那個寺便命名爲龍泉寺。

慧遠大師的同參慧永法師駐錫廬山西林寺，迎請慧遠大師與他同住。後來因爲慧遠大師的徒衆日益增多，西林寺地方偏窄，容納不下，刺史桓伊便在廬山的東面建造房殿，命名東林寺。

慧遠大師駐錫東林寺時，聽說北印度的月氏國，有一古代仙人修行的石室，室內有佛的影像，慧遠大師時常繫念思慕。正好那時有一個西域僧人遊方到東林寺，便向慧遠大師敍說佛影的光明相好。慧遠大師聆聽後，便背山臨水，修成龕室，按照那個西域僧人所敍的情形，妙算畫工，淡影圖寫，飾之以空靈的色調，遠望像煙霧，隱隱朧朧，似有似無。慧遠大師著銘五首以記（銘文載《慧遠文集》及《弘明集》）。

慧遠大師具有諸多的神異，這裡略就大端說幾件。有一漁民常見海中晚上放光，這一現象持續十餘日。於是這個漁民便將情況呈報廣州太守陶侃。陶侃前往察看，方知是阿育王的像（他以建佛舍利塔而名重於世）。於是，將此像迎歸武昌的寒溪寺供養。後來，寒溪寺遭火災，殿宇全被焚毀，唯有阿育王的像及其供像的殿堂得以倖存。陶侃調到別處作官後，由於該像有威靈，便派人迎請阿育王像。誰知數十人將像擡到船上，船和像都沈到水底，多次打撈，都未能成功。慧遠大師在東林寺祈心奉請，阿育王像即飄然自至，被請到東林寺中供養。

慧遠大師容貌威嚴，令人一見頓生敬畏之心。有一個僧人打算供養慧遠大師一竹如意。來到山寺住了幾天，竟不敢呈送。最後留在寮房的角落，悄然而回。又有一個名叫慧義的法師，以剛强自命，不肯服人。來廬山東林寺，對慧遠大師的弟子慧寶說：「你們都是平庸人，才推崇你們的和尚，你們看我和他辯論。」及到慧遠大師講《法華經》時，聽後打算站起來辯難。誰知念頭一動，便汗流遍體，不敢發言。講經散後，慧義法師對慧寶說：「此公真厲害！」

秦主姚興仰慕慧遠大師的名望德行，經常致書問候，供養禮品。僭主桓玄也欽敬慧遠大師。慧遠大師曾作〈沙門不敬王者論〉，闡述僧人不禮拜帝王的道理，力爭僧格的尊嚴與獨立。到了桓玄篡位後，便確定了僧人不禮敬帝王的條制。

每逢西域有僧人大德來中國，慧遠大師一定要懇惻問訊。鳩摩羅什在關中譯經時，慧遠大師曾致書通好。二人書信往還，討論佛法奧義，各相欽慕。並且互贈衣物、偈贊等。許多外國僧人都說中國有大乘高僧，經常焚香禮拜，東向稽首，欽仰廬山。可見慧遠大師的威神廣大。

當時江東地方的佛法，有許多的欠缺，經藏、律藏都不完備，參禪的義理路子不甚明了。慧遠大師便派弟子法淨、法領西行取經，歷經長期的跋涉辛勞，找來了諸多的梵本佛典。慧遠大師組織翻譯，流通於世。

慧遠大師在東林寺創立我國最早的念佛道場，成立白蓮社，建壇立誓，求生淨土。當時，加入蓮社的有一百二十三位名士大德。蓮社中供養西方三聖像。令劉遺民作〈發願迴向文〉。王喬之等作〈念佛三昧詩〉。慧遠大師自己作序。序文的大意是：「功高易進，念佛為先。自心本來是佛，只要念佛不間斷，念到一心不亂，自心便與阿彌陀佛打成一片，到了這個時候，自心就是淨土，自性就是阿彌陀佛，念到這個境界便能了生死、出輪迴。念佛即便未能大徹大悟，也能往生淨土。因爲這是阿彌陀佛的本願。所以，念佛求生淨土，是修行的最上法門。」

慧遠大師率衆精進念佛，鑿池種蓮花，在水中立十二品蓮花，隨波旋轉分刻晝夜作爲行道的節制。由於修行的理論方法正確，蓮社中一百二十三人，個個都得到了往生淨土的正果。

慧遠大師在念佛禪定中，三次見到過阿彌陀佛與觀音、勢至的聖像。但大師從未告訴過人。晉義熙十二年七月三十日晚間，大師在般若東龕，從禪定起時，見到阿彌陀佛身滿虛空，觀世音菩薩與大勢至菩薩左右侍立。又見水流光明，分十四支，上下注流。水鳥樹林都在宣說苦、空、無常的法音。阿彌陀佛囑告大師說：「我由於本願的力量，前來安慰你。你當在七日後，生到我的剎土。」大師還見到蓮社中先往生的人。諸如：佛陀耶舍、慧持、慧永、劉遺民等。都在阿彌陀佛的旁邊。這些人都向大師頂禮說：「大師發心最早，何故來得晚呀？」

慧遠大師知道往生的日期後，便將所見到的境界告訴弟子慧寶等。並著手制訂遺戒。八月初身體不適，到第六日病篤。許多大德耆老懇請大師飲豉酒，大師不許；請飲米汁，大師也不許；請以蜜和水作漿飲之，大師令人查律條可飲否？查律卷未完，大師便安坐而化，享壽八十三歲。

慧遠大師圓寂，道俗奔喪，絡繹不絕。大師的遺命，使露骸松樹下，七日展哀。弟子等將大師葬於潯湯，太守陶侃給大師治冢。謝靈運作碑文，宗炳爲大師勒碑寺門。後人在寺中圖畫大師的法像，令人瞻仰。唐大中二年，追諡辯覺大師；升元二年，追諡正覺。宋太宗太平興國二年，樹圓悟大師凝寂之塔。所著的志、序、銘、贊、詩、書等類，結集爲十卷，五十餘篇。

淨宗二祖：善導大師

善導大師（西元六一三～六八一年）：山東臨淄縣人。他開始時修習《法華經》、《維摩詰經》。後來到山西汾陽縣隨道綽法師學淨土。聽講《觀無量壽經》，歡喜開解，感概地說：「淨土法門真是成就佛果的捷徑，其他的法門，諸如禪密，都很迂闊。費力多而成功難，今唯有這個淨土法門容易了生死。」

自此，善導大師精進修持，晝夜禮誦。有一日到了京城長安滻水邊，聽到水聲契悟心源，自語道：「這個地方的衆生可用念佛法門來教化。」於是，善導大師便駐錫長安，教人念佛。三年後，長安城中念佛的人，隨處可見。

善導大師專修專弘淨土法門，經常長跪朗誦佛名，不到力盡時，終不休歇。雖是極寒冷的天氣，也要念得渾身出汗才止息。三十餘年，未曾懈怠。

善導大師持戒謹嚴，凡是美味佳餚都供養大衆，粗糲的飯食則留給自己。所有的賑施都用來寫《阿彌陀經》，達十萬餘卷。在牆壁上畫淨土變相三百餘處。倘遇壞寺廢塔，一定要修整完好。佛前的燈，常年不熄。三衣瓶鉢，不用人替自己拿。不與衆人閑談世俗的事，恐怕耽擱了淨業。由於善導大師的道心德行，受其教化的人甚衆。弟子中有誦《阿彌陀經》十萬至五十萬遍的。有每天念佛一萬至十萬聲的。其中證得念佛三昧，往生淨土的人也不勝枚舉。

善導大師提倡持名念佛法門，强調要專修。有人問：「爲什麼不教人觀想念佛？」大師回答：「現在的衆生業障重，心意粗劣，神識飛揚，淨土的微妙境界極難觀成。而稱名念佛，如能念念相續，便可十念十生，百念百生。因爲這種念佛能夠契合阿彌陀佛的本願。如果念佛人還雜修其他法門，則成正果者，千萬人中也難得一二。」大師又教人臨終相助念佛往生法，叮嚀懇切。

由於善導大師自利利他，念佛功深。念佛時，念一聲佛，口中便出一道光明，百聲千聲都是如此。念完了，便對弟子們宣講淨宗奧義。臨往生的那天，善導大師告訴大衆：「這個身子很討厭的，我要回西方淨土。」於是，登上寺廟前的柳樹上，向西祝禱：「願佛接引我，菩薩助我，令我不要失了正念，得生到西方極樂世界。」說完，便投身而化。（另一說：大師在六十九歲時，無疾坐化，登柳樹投身而化的是問法的人。）

善導大師著述甚多，其《觀無量壽佛經疏》四卷，曾傳往日本，日本僧人法然（西元一一三三～一二一二年）依據這部經疏，在日本開創淨土宗。因此，善導大師在日本的影響甚大。另有，《往生禮贊》、《念佛鏡》、《法事贊》、《觀念法門》、《般舟贊》等。

淨宗三祖：承遠大師

承遠大師（西元七一二～八〇二年）：身世不甚詳。開始學道於成都唐公，又到荊州向玉泉真公學道。玉泉真公令承遠大師居住衡山教化衆生，蒙其教化的人數以萬計。

承遠大師苦行念佛，精勤不已。開初他居住在衡山西南的岩石之下，有人供養食物則吃，無人供養時，便食土泥草木。衣飾也一樣粗劣，唯求御寒蔽體而已。四方慕名來求道的人，來到岩石山谷，見到一人身形羸弱，塵垢滿面，彎著身體，負薪擔柴。都以爲是大師的僕從而輕慢之，及打聽，方知那正是承遠大師。

承遠大師教化衆生，都是善立中道，隨機設教。爲了使衆生早證道果，大師苦心開示念佛法門。並將經教法語，書寫在大街小巷，鏤刻在山岩溪谷。殷勤勸勉衆生，從化者甚衆。許多人負布帛，斬木壘石，依承遠大師的岩戶，搭棚居住，並發心施金營造殿宇。承遠大師既不拒絕，也不營求。殿宇蓋成，題名「彌陀寺」。營造殿宇的結餘，都布施給饑餓病苦者。

南嶽祝聖寺的法照法師，本來是修禪定的。一日，他在禪定中，到了西方極樂世界。見到佛座前，有一襤褸僧人，詢知那僧人是衡山的承遠大師。出定後，法照法師即往衡山禮承遠大師爲師，轉修淨土。後來，代宗皇帝奉法照法師爲國師，便也推尊承遠大師。頂禮有加，賜承遠大師的居住爲般舟道場。

承遠大師在唐貞元十八年七月十九日，示寂於彌陀寺，年九十一。柳宗元製碑立石在彌陀寺的右邊。

淨宗四祖‧法照大師

法照大師（西元七六七～八二一年）：身世不詳。唐大曆二年，法照大師棲止在衡州雲峯寺修禪。有一天，大師在僧堂內用膳，忽然在粥缽中睹見五彩祥雲，祥雲中出現高山與寺院。寺院的東北大約五十里地，有一座山。山下有澗溪，澗溪的北面有一個石門；進入石門往內五里左右，有一座寺廟，寺門題有「大聖竹林寺」的金字。

法照大師雖然清晰地目睹著上述境相，但內心還是懷疑是自己的幻覺。過了一段時日，大師在吃齋時，又在缽中睹見五色祥雲。祥雲中出現五臺山的衆多寺廟，只見地面都是黃金鋪成的，沒有山林穢惡的景象，到處都是水池、臺榭、樓閣、房宇。這些建築物都是由無量的珍寶構成，非常莊嚴妙好，這是文殊師利菩薩與一萬聖衆的道場。更爲奇妙的是，五色祥雲中還現出了諸佛的清淨國土。齋食用完，上述景象才消失。法照大師心中疑惑不決，回到寺中詢問曾到過五臺山的僧人，那僧人所述的五臺山的景象與大師在缽中所見契合。因而，法照大師打算朝拜五臺山。然障緣甚多，未能成行。

大曆四年的夏天，大師在衡州湖東寺依《無量壽經》立五會念佛。以音韻文學弘揚淨土法門。六月二日下午一時，大師在念佛道場中遙見祥雲璀璨，祥雲中現出許多樓閣寺宇。宇閣中隱約可見有幾個梵僧，每人的身高都有一丈多，在那裡手執錫杖行道。更爲殊勝的是，阿彌陀佛與文殊師利菩薩、普賢菩薩等一萬菩薩聖衆，也出現在祥雲中。參加念佛法會的人都清楚地見到，個個泣血頂禮，歡喜踊躍。上述景象持續了四小時才消失。

法照大師就在那天晚上，在念佛道場外，遇到一個老人，那老人對大師說：「法師以前曾發願朝拜五臺山，面覲大聖，爲什麼遲遲不去呀？」大師回答：「目前諸多障難，路途遙遠崎嶇，怎麼去得了呢？」老人說：「只要肯下決心，道路遙遠崎嶇又怎能擋得住呢？」說完，倏爾不見了。法照大師驚喜非常，折回道場，在佛像面前重新至誠發願，發誓念佛法會期滿，即當啓程，縱然火聚冰河，終不退志。於是，在八月十三日，偕同修數人，慨然上路，旅途果然順利。

大曆五年四月五日，法照大師等數人到了五臺山，遙見佛光寺的南面，有數道白光出現。即到了佛光寺，那裡的景象果然與原先鉢中所見的景象相同。那晚四更時分，從北山有數束光照觸在法照大師身上，大師趕忙奔入堂內詢問常住僧人：「這是什麼徵兆，主吉還是主凶？」有一僧人回答：「這是大聖文殊菩薩的不思議光，經常攝受有緣衆生。」法照大師聽後，異常欣喜，即刻整飾威儀，尋光而行。

往東方走了五十里地左右，果然聳立一山，山下有澗溪，澗溪的北面有一石門，門前有兩個顏貌端正的青衣童子。一個名叫善財，一個名叫難陀。二童子見到法照大師，趕忙問訊頂禮，在前面爲法照大師引路。入石門五里左右，有一幢金門樓，裡面有一寺廟，上面有「大聖竹林寺」的金榜題字，同缽中所見的完全一樣。竹林寺方圓有二十餘里，裡面有一百二十院。每院都有寶塔莊嚴，地面純是黃金，水流花樹，充滿其中。

法照大師進到寺院內，來到講堂，看見文殊師利菩薩與普賢菩薩，端坐在師子寶座，一個在西邊，一個在東邊，寶座的左右，各有無數菩薩聖衆圍繞。講經說法的音聲，歷歷可聞。

法照大師來到文殊菩薩與普賢菩薩座前恭敬頂禮後稟問：「末代的凡夫，去聖時遙，知見日益陋劣，心垢業障深重，自性無從發露，佛法無邊，不知那個法門最契末世衆生的根機？但願大聖慈悲開示。」

文殊師利菩薩開示：「你現在念佛，正是時候。其他的種種法門，沒有能超逾念佛法門的。供養三寶與福慧雙修這兩個行門，最爲徑要。爲什麼這樣說呢？我在過去劫中，正是因爲觀想念佛，持名念佛以及供養三寶，現在證得一切種智，所以，一切法門，般若波羅蜜，甚深禪定，乃至一切佛果，都是從念佛中生出。由此可知，念佛法門是一切法門之王，你應當修持這無上法門，不得中止退轉。」

法照大師啓問：「應當如何念佛？」文殊菩薩回答：「這個世界的西面，有阿彌陀佛，阿彌陀佛的願力不可思議，你應當稱念阿彌陀佛，不要間斷。命終之後，決定能往生到西方極樂世界，一生到那裡，便能證得不退轉位。」

說完，文殊菩薩與普賢菩薩各舒金色手臂摩法照大師的頭頂，爲他授記：「你以念佛的緣故，不久當證得無上道果。世間善男子善女人，如果願欲快速成佛道，應當修持念佛法門。」語訖，二位大聖互說偈頌，法照大師恭敬聆聽，法喜充滿。一切疑慮頓除，向二位大聖頂禮。文殊菩薩囑他到各處瞻禮巡視，法照大師遵囑參觀各處，一時走進了七寶果園，看見樹上的果子剛熟，如碗一般大，便摘取食之，食後頓覺身意泰然。移時，法照大師又回到文殊菩薩與普賢菩薩座前，作禮辭退。二位童子送到門外，互相頂禮。擡頭頃，剛才的景物倏然隱去，法照大師心感悲悽，便在原地立了一塊巨石，以資紀念。

法照大師自此由禪歸淨，專修淨土。十二月初，啓建念佛道場。絕食，刻期取證，發誓往生西方淨土，到七日初夜，大師正念佛時，見一梵僧入道場對他說：「你在五臺山所見的境界，爲什麼不告訴他人？」大師對這位梵僧意存懷疑，還是打算保密。第二天下午三時，又看見一個年約八十的梵僧前來告言：「法師在五臺山所見的靈異境相，應當普遍地流布（佈），令衆生聽聞後，發菩提心，獲大利樂。」法照大師回答：「實在不是我故意障蔽聖道，我是擔心說出來後，衆生不信，反倒招致懷疑誹謗，所以，我才祕而不宣。」老僧說：「大聖文殊菩薩現今駐錫五臺山，尚且招人謗議，何況你所見的境界。只是爲了令有緣衆生，聽聞後發生菩提心，作拔除三毒的因緣罷了」。

法照大師便遵循這個老梵僧的勸導，將當時所見到的情景回憶記錄下來，宣示給衆人，並帶著三十餘人到標立大石的地方，在場徒衆至誠瞻仰，悲喜交集，頂禮再三。就在那時，忽然聽到悠揚雅亮的鐘聲，節奏分明，這恰正驗證法照大師所說不虛，衆人驚嘆不已。有人將事情始末書寫在屋壁上，普令流布，願見聞者，同發道心，共期佛慧。

法照大師又在原地，仿建一寺，莊嚴精麗，名叫竹林寺。大曆十二年九月十三日，法照大師與弟子八人，在東臺睹見四道白光。爾後，奇異雲彩遮天蔽日，濃雲散開，看見五色通身光，光中有圓光紅色。衆人都清楚地睹見文殊師利菩薩乘青毛獅子。當時，天飄雪花，文殊菩薩身上的五色圓光，遍及山谷。

法照大師目睹後，道心益加堅固，修持精進勤苦，無有懈怠。一生有諸多殊勝的感應，不勝備述。其後，消聲匿迹，不知其終。

法照大師撰有《淨土五會念佛誦經觀行議》三卷，《淨土五會念佛略法事儀贊》及《大聖竹林記》各一卷問世。

淨宗五祖：少康大師

少康大師（西元？～八〇五年）：俗姓周，唐代縉雲仙都山人。母親羅氏夢遊鼎湖峯，有玉女授給她一朵青蓮花說：「這朵青蓮花很吉祥，寄於你所，當生貴子，一定要保護愛惜。」臨到生少康大師的日子，青光遍室，並散發芙蓉的芳香。

少康大師相貌莊嚴，眼碧唇朱。幼時不像其他小孩那樣玩鬧，經常含笑端坐，看相卜卦者都認爲少康大師有將相之才。少康大師長到七歲還不曾講話，有一日，母親帶他到靈山寺拜佛，母親問他：「認識佛像否？」少康大師忽然回答：「這是釋迦牟尼佛，」母親聽後甚感驚詫，知道兒子宿具善根，便令兒子出家修道。

少康大師十五歲時，便能通曉《法華經》、《楞嚴經》等五部大經的奥義。後來到會稽嘉祥寺，學究律部。五年後，到上元龍興寺聽講《華嚴經》、《瑜伽論》。唐貞元初，遊方到了洛陽白馬寺。到殿中禮佛時，見大殿中的文字放光，仔細觀看，原來是善導大師的〈西方化導文〉。少康大師見了，心生歡喜，默默祝禱：「我若與淨土有緣，當使此文再放光明。」說後，果然光明重現。光中還現出無數的化佛菩薩。少康大師睹見這些瑞相，發誓說：「劫石可以磨滅，我的誓願不會改移。」

少康大師旋即前往長安光明寺善導和尚的影堂，恭敬瞻禮，祈願見到善導大師。心念才動，但見善導大師的真像升到空中，對少康大師說：「你應當依照我的教誨，饒益衆生，化導有緣衆生，共同往生西方極樂世界。」

少康大師南下到江陵，遇到一僧人對他說：「你欲教化衆生，應當去新定，你的化緣在那裡。」說完，倏爾不見，只有香光往西而去。

少康大師到新定，到城裡乞食得錢後，便誘獎兒童念阿彌陀佛。念佛一聲，即給一錢。這種方法勸化了一年後，新定地區的男女老幼，見到少康大師都稱阿彌陀佛。念佛的聲音，盈滿道路。

少康大師見到機緣成熟，便在烏龍山啓建淨土道場。築壇三級，聚集大衆午夜行道唱讚。每逢齋日，四衆弟子聚集在大殿，少康大師陞坐。高聲唱佛。衆人跟著誦唱佛號。少康大師唱佛一聲，就有一尊佛從口中出來，十聲則有十尊佛出來，如同連珠狀。少康大師對在場的幾千弟子大聲說：「你們當中有見到佛的人，必定能生到西方極樂世界。」衆弟子聽到這個授記，欣喜異常，念佛更勤。當時有少數未見到佛的弟子，悲感自責，因而加倍精進念佛。

唐貞元二十一年十月，少康大師預知時至，勸告四衆弟子急修淨土。言畢跏趺而坐，身放光明而化。當時，天氣陡變，狂風四起，百鳥悲鳴，烏龍山也一時變白。少康大師的墳塔存於州東臺子嚴。

少康大師撰有《往生西方淨土瑞應刪傳》一卷，《淨土論》三卷，流布於世。

淨宗六祖：永明大師

永明大師（西元九〇四～九七五年）：諱延壽，字沖元，杭州錢塘人。從小就開始誦《妙法蓮華經》，達一萬三千餘部。文穆王時，永明大師做稅務官，常用官錢買飛禽走獸來放生。被人告發，當坐死罪。公役將永明押赴市曹處斬、文穆王派人去窺探，見永明大師臨刑鎮靜自若，面色不變。文穆王得知後，內心欽佩其膽識，便下令將永明大師免刑釋放。

永明大師被釋放後，便投四明翠岩禪師出家，繼而參學天臺韶國師，言下大徹大悟。受法嗣，爲法眼宗嫡孫。

永明大師常修二十一日的法華懺，精進異常，夢中感得觀世音菩薩以甘露水灌口。從此，永明大師獲得無礙的辯才。又在禪觀中，永明大師見一蓮華忽然在手，思忖宿世的誓願未曾了結。便登上智者岩，作了兩種鬮。一種寫有「一心禪定」，一種寫有「萬善莊嚴淨土」。永明大師冥心精禱，七次所拈都是「淨土」。

於是，永明大師一意專修淨業，日課十萬佛號，發願往生西方極樂世界。攝禪歸淨化導衆生，作禪淨四料簡，指出：「有禪有淨土，猶如帶角虎。」「無禪有淨土，萬修萬人去。」其四料簡實爲末法衆生修道的明燈。

建隆二年，忠懿王恭請永明大師住持永明寺，賜號智覺禪師。永明大師每日行一百零八件善事，晚間則往南屏山頂行道念佛。當他念佛時，衆人經常聽到螺貝天樂的音聲。忠懿王十分感嘆：「自古求生西方淨土的修行人，沒有誰像永明大師這樣的精進懇切！」在永明大師的感化下，忠懿王建西方香嚴殿，供永明大師修行。

永明大師深感末法衆生捨淨土法門，便無法了脫生死，於是，苦口婆心，諄諄化導。勸勉大衆老實念佛，以自己的踐行，坐斷一切狂慧口舌，解散一切義學藩籬，精修萬行，莊嚴淨土。

永明大師駐錫永明寺十五年，弟子數千人。經常給衆人授菩薩戒，施食放生，泛愛慈柔，一切功德全都迴向衆生，以作共生淨土的資糧。開寶八年二月二十六日，早晨起牀後，焚香辭告衆人，趺坐而化，時年七十二歲。有《宗鏡錄》、《萬善同歸集》等著述問世。

永明大師圓寂後，有一個從臨川來的僧人，經年繞永明大師塔。旁人問他爲何繞塔？那個僧人回答：「我在一次大病中到過冥界，看見殿堂邊供了一幅僧人像，閻王經常在像前恭敬禮拜，我好奇地啓問：『所拜的僧人是誰？』閻王說：『是杭州的永明延壽禪師，已經往生西方淨土上上品了。』閻王尚且如此恭敬永明大師的德行，所以我來這裡繞塔，以示禮敬大師之心。」

淨宗七祖：省常大師

省常大師（西元九五九～一〇二〇年）：字造微，俗姓顏，錢塘人。七歲出家，十七歲受具足戒。宋淳化中，省常大師在杭州昭慶寺仿廬山蓮社而創立淨行社，當時加入他的淨行社的有比丘千餘人，公卿士大夫一百二十人。這些公卿士大夫，都是當時的顯貴。如爲首的王文正公旦，就是曾經做過宰相的。另有一個文章很出名的蘇易簡翰林，蘇翰林在〈淨行社序〉中寫道：「當布髮以承其足，刎身以請其法。」可以想見省常大師在當時是怎樣的受人傾信了。

省常大師廣刻無量壽佛像，刺血書寫《華嚴・淨行品》。大師嚴持戒律，才辯勝人，領衆念佛精勤不懈。數十年如一日，到六十二歲時，厲聲唱：「佛來了！」隨之而化。當時在場的信衆都見到地面呈金色，良久方退。弟子奉全身建塔於鳥窠禪師之側，被封爲圓淨法師。

淨宗八祖：蓮池大師

蓮池大師（西元一五三五～一六一五年）：諱袾宏，字佛慧，別號蓮池。俗姓沈，浙江杭州人，出生在世代望族之家。蓮池大師天資穎異，澹泊世味。十七歲補諸生，以學識和孝行著稱於世。三十一歲時，聞説萬物皆有無常一語，忽然覺悟人生也是無常，遂發出世心。

父母離世後，蓮池大師決志出家修行。與妻子湯氏訣別：「恩愛不常，生死莫代，我得出家，你自己保重。」妻子湯氏灑淚説：「君先走一步，我自己會有打算。」蓮池大師作七筆勾詞，棄家，投西山性天和尚祝髮。其妻隨後也削髮爲尼。

蓮池大師受具足戒後，策杖遊方，遍參知識。參學遍融禪師與笑岩寶祖，皆有開發。途經東昌時，忽有契悟，作一偈：「二十年前事可疑，三千里外遇何奇？焚香擲戟渾如夢，魔佛空爭是與非。」

大明隆慶五年，到杭州的五雲山，見五色彩雲，棲於西塢，又見山明水秀，便在山中結茅蓬居住修行。山裡老虎很多，時常傷害村民，蓮池大師心生慈悲，爲那些老虎放瑜伽焰口，誦經施食，虎就不再患害百姓了。又有一年，五雲山區大旱，村民懇請蓮池大師祈雨。大師笑言：「我只知道念佛，並無別的法術。」在衆人的堅請下，大師手擊木魚，循田埂念佛。一時，雨下如注，村民及信衆們感激不盡，自發地爲大師建造禪堂寺院。自此，法道大振，海內衲子歸心，遂成一大道場，名雲棲寺。

文殊菩薩曾化爲童子來參蓮池大師。大師見到童子便問道：「兩腳有泥，必是遠來客。」童子說：「聞知蓮池水，特來洗一洗。」大師說：「蓮池深萬丈，不怕淹死你。」童子說：「兩手攀虛空，一腳踏到底。」其道行功德可見一斑。

蓮池大師深悲末法時期的衆生，業深垢重，教綱衰滅，禪道不明，此時修行，應以戒律爲基本，以淨業爲指歸。因而，大師整飭清規，以精嚴律制爲第一修行。令衆僧半月誦《梵網戒經》及《比丘諸戒品》。並親自著述，闡發戒律的奥義。

蓮池大師尊崇講誦，明因果，識罪福，重真修。凡欺世盜名者，無可施其伎倆，賞功罰過，凜若冰霜。極力戒殺生，推崇放生。其〈戒殺放生文〉盛傳於世。寺前建有放生池，山中設有放生所。救贖潛游飛走諸生物。眾僧從自己的口糧中節省穀物來餵養，僧人定期前往放生所宣演佛法。那些善鳴噪的鳥類，聽到木魚聲，都安靜地聽法，聽完後，才鼓翅喧鳴。

蓮池大師樸實簡淡，虛懷應物，貌相溫和，弱不勝衣；而聲若洪鐘，胸無崖岸。明因慎果，自奉儉樸。自有道場以來，五十年中，未曾妄用一錢。凡有香俸盈餘，便散施給其他寺廟的和尚。施衣藥，救貧病，常行不倦。大師生平惜福，到老年還是自己洗衣，淨溺器，不勞煩侍者，終身一襲布衣，一頂麻布蚊帳用了幾十年。

大師一生專修專弘淨土。臨終前半月預知往生的時間，到城中告別諸弟子及故舊朋友，只說：「我將到其他地方去。」回寺用茶湯供養眾僧，告訴大家：「這裡我不住，我將去他處。」七月朔晚，大師示微疾，瞑目無語，城中諸弟子趕到。大師又睜眼開示：「大眾老實念佛，莫揑怪，莫壞我規矩。」說完，面西念佛，端然而逝。世壽八十一，僧臘五十。蓮池大師著述甚豐，有《阿彌陀經疏鈔》、《竹窗隨筆》、《往生集》、《淨土發願文》、《淨土疑釋》等流行於世。

蓮池大師生於法道式微的明代末年，以自己的真修實學，重振蓮風，二百餘年來，遺風猶在。憨山大師曾盛贊蓮池大師說：「惟蓮池大師的才具，足以經邦濟世；悟性，足以傳心印；教理，足以契合根機；戒律，足以護持正法；操守，足以警勵世人；規約，足以療救時弊，若不是應身大士來開朗末世重重昏暗，誰又能做得到這些呢？」

淨宗九祖：蕅益大師

蕅益大師（西元一五九九～一六五五年）：諱智旭，號西有，別號八不道人。俗姓鍾，江蘇吳縣人。母親金氏，父親岐仲公，持念十年的〈大悲咒〉，夢觀音菩薩送子而生蕅益大師。大師七歲時即茹素，十二歲讀儒書，以傳千古聖學爲己任，誓滅佛老二教，開葷酒，作闢佛論著數十篇。十七歲時，閱讀蓮池大師的〈自知錄序〉與《竹窗隨筆》，才開始認識到以前的錯謬，將所著的闢佛論著付之一炬。

蕅益大師二十歲時，注解《論語》，大悟孔顏心法。當年，父親亡故，聽到《地藏菩薩本願經》，發出世心。二十二歲時，專志念佛，盡焚文稿二千餘篇。二十三歲時，聽一法師講《楞嚴經》中的：「世界在空，空生大覺。」心生疑團：「爲何有這樣的大覺，竟如此推崇空界？」悶絕無措，自感昏沈散亂重，工夫不能成片，因而決意出家，體究大事。

二十四歲時，夢中禮拜憨山大師，懇請上乘佛法。爾後，投憨山大師的門人雪嶺法師出家，命名智旭。

二十五歲時，往徑山坐禪參究。第二年夏天，用功到極處，身心世界，忽然全部消殞。因而了知這個身體，無從始劫來，當處出生，隨處滅盡。只是堅固妄想所顯現的影子，刹那刹那，念念不住，的確不是從父母生的。這時，一切經論，一切公案，無不現前，無不通達，久之，則胸次空空，不復留一字注腳。

二十八歲時，母喪，悲痛無限，喪葬盡禮，誓住深山，掩關修道。關中大病，乃以參禪工夫，求生西方淨土。疾病痊癒後，結壇持念〈往生咒〉七日，燃臂香三炷，祈求三寶加持，發願往生西方極樂世界。當時，四方禪者大多輕視淨土。蕅益大師悲心願切，獨倡持名念佛法門。認爲念佛法門是：「方便中第一方便，了義中無上了義，圓頓中最極圓頓。」蕅益大師身體力行，專修專弘，蓮風大振。

五十七歲時，蕅益大師示疾，遺命身體火化後，屑骨和粉，分施禽類和魚類，以結往生西方之緣。跏趺而坐，面西念佛，舉手而逝。

圓寂三年後，如法火化。啓龕，蕅益大師趺坐巍然，髮長覆耳，面貌如生。火化後，牙齒俱不壞，與鳩摩羅什大師的舌相不壞，同一徵信。門徒們不忍遵從遺命，便奉靈骨，建塔於靈峯。

蕅益大師所著述的《阿彌陀經要解》、《唯識心要》、《毗尼事義集要》、《閱藏知津》、《法海觀瀾》等四十多種，都流行於世。蕅益大師選定的《淨土十要》，是修淨業者的必讀書。

淨宗十祖：截流大師

截流大師（西元一六二八～一六八二年）：諱行策。清初順康間人。俗姓蔣，父親名叫全昌，是宜興老儒，與憨山大師是朋友。憨山大師示寂後三年，一天晚上，全昌夢見憨山進臥室，隨後，截流大師出生，所以，父親全昌爲兒子取名爲夢憨。

截流大師長大成人時，父母相繼逝世。遂萌發修道的志向。二十三歲那年，投武林理安寺箬庵問公出家。出家後，精進修持，脅不至席地修了五年，契悟法源。

問公圓寂後，截流大師到報恩寺。該寺的息庵瑛師勸大師專修淨業，又遇到錢塘樵石法師，引導大師修習天臺教觀。並同入淨室，修法華三昧。臺宗的修習，使截流大師的宿慧頓時通達，體悟到臺宗精髓。

康熙二年結庵於杭州法華山西溪河渚間，專修淨業，精勤修持，不遺餘力，因而信從者日衆。康熙九年，截流大師住虞山普仁院，倡興蓮社，發起打念佛七，作文開示信衆說：「七日持名念佛，貴在一心不亂，無間無雜。不是以快念多念爲准，只是不緩不急，密密持去，使心中一句佛號，歷歷分明。著衣吃飯，行住坐臥，一句洪名綿密不斷，猶如呼吸相似。既不散亂，也不沈没，這樣的持名念佛，就叫作事上能一心精進。能做到事上一心精進念佛，必定能夠往生西方淨土。如能進一步做到事理一心精進念佛，便可提高往生的品位。」

截流大師居普仁院十三年，在康熙二十一年七月九日示寂。時年五十五歲。

當時有一個名叫孫翰的人病逝，一晝夜後又復活了。復活後即對他人說：「我被冥界的獄司勾攝，到了閻羅殿下。黑暗中，忽然睹見光明照耀，香花布滿虛空，閻羅王趕忙伏地頂禮，迎接西歸的大師。我問道：『這位大師是何人？』回答：『是截流大師。』我由於幸蒙截流大師的光明所照，得以放還陽間。」同一日，有一病死的吳氏子。一夕後復活。所陳說的情況，與孫翰所說的一樣。

截流大師主張禪淨二門，宜各專務，不必兼修。真信切願，持名念佛求生淨土，近代由印光大師推為淨宗十祖，不無卓見。

淨宗十一祖：省庵大師

省庵大師（西元一六八六～一七三四年）：諱實賢，字思齊，江蘇常熟人。世代書香，大師一出生就不吃葷肉，少年時便有出塵的志向。父親早亡，母親張氏知道兒子宿具善根，便令其出家。七歲時，省庵大師禮請涼庵和尚容選為師。經典過目不忘，聰慧俊彥。十五歲剃度受戒，兼通世典，能吟詩，善書法。然而，並未頃刻忘懷生死大事。性情忠厚孝順，母親亡故，跪在佛前諷誦《報恩經》四十九日。每年的母亡日，必設像修供。

有一天，省庵大師到普仁寺，見一個僧人仆地而往生，大師瞿然悟世無常，修持更加精進。嚴持戒律，不離衣鉢，日止一食，脅不貼席，終生不懈。後雲遊參學，於三觀十乘之旨，性相之學，無不通貫。紹曇法師為他授記莂，傳靈峯四世天臺正宗。

後來，在崇福叩參靈鷲和尚，參「念佛是誰」的話頭，操持嚴密，四個月，恍然契悟，說：「我夢覺醒了。」自那以後，應機無礙辯才縱橫，靈鷲和尚欲傳他法嗣，大師不受，辭去。

於是，在真寂寺閉關，白天閱讀藏經，晚夕持念阿彌陀佛名號，如是三年。真寂寺的僧人恭請省庵大師講《法華經》，大師陞座開演，辭義猶如河懸泉涌，沛然莫御。自是，化緣日盛。

己亥春，到四明阿育王山瞻禮舍利。先後五次燃指香供養，每年佛涅槃日講演《遺教經》和《佛說阿彌陀經》，開示是心是佛的奧旨。三根普攝，法化洋溢。江蘇浙江一帶的四衆弟子，傾心歸仰。如是十年，又主持幾個寺院，清規肅穆。

後退隱杭城仙林寺，不出戶庭，力修淨業。結長期念佛會，嚴立規約，晝夜六時，互相策勵。人都稱是永明延壽禪師再來，得度者甚衆。

遇到有學詩文的弟子，大師痛戒說：「人命在呼吸間，那有閑工夫學世諦文字，稍一錯過這個良機，便成他世，再想出頭來，難呀！」到癸丑佛成道日，大師對弟子說：「我於明年四月十四日便長久地走了。」自此以後，掩關寸香齋，規定晝夜持念十萬聲佛號，明年甲寅四月二日出關，十二日，告知大衆說：「我十天前見西方三聖降臨虛空，現在告別了，我要往生西方淨土了。」隨後，交待寺院事務，遍辭城中的護法居士們。侍者請大師書偈，大師寫道：「身在華中佛現前，佛光來照紫金蓮，心隨諸佛往生去，無去來中事宛然。」寫完說：「我十四日決定往生。你們爲我集衆念佛。」十三日，斷飲食，斂目危坐，五更時沐浴更衣，面西趺坐。到巳時，遠近緇素集聚，涕淚膜拜說：「願大師住世度人。」大師復睜眼說：「我去了就來，生死事大，各自淨心念佛。」言訖，合掌稱佛名而寂。一會兒，鼻筋下垂，顏色明亮潤澤，到封龕時，色不變。

省庵大師撰有《勸發菩提心文》、《淨土詩》、《西方發願文注》、《續往生傳》等流布於世。

淨宗十二祖：徹悟大師

徹悟大師（西元一七四一～一八一〇年）：諱醒際，一字訥學，又號夢東，京東豐潤縣人。父諱萬璋，母高氏。大師幼而穎異，長喜讀書，經史羣籍，無不博覽。二十二歲因大病，深感幻軀無常，發出世志。病患痊癒後，到房山縣，投三聖庵榮池老宿剃髮。第二年，到岫雲寺恆實律師受具足戒。又依增壽寺慧岸法師，聽講法相宗，深得妙要。次年聽說香界寺隆一法師開演《圓覺經》，大師參預法會。早夕研究詰問，精進尋求奧義，《圓覺》全經的大旨，了然於胸。後來，又遊歷心華寺遍空法師座下，聽講《法華經》、《楞嚴經》、《金剛經》等大乘經典，圓解頓開。對於法性宗與法相宗，以及三觀十乘的奧旨，了無滯礙。

乾隆三十三年冬，精進參禪，徹悟心源，嗣法爲臨濟三十六世，磬山七世。後來，接續廣通法師，率衆參禪，警策勉勵後學，津津不倦。十四年如一日，聲名播揚四方，宗風大振。每憶永明延壽禪師（淨宗六祖），乃禪門宗匠，尚且歸心西方淨土，每天持念十萬聲阿彌陀佛，發願往生西方極樂世界，何況今日已居末法，尤其應當遵行佛語。於是，便一意歸心西方淨土，專修專弘淨宗。

於是，中止參禪，純提淨土。數十年來所有積稿，付諸一炬。而參禪人願隨念佛者頗多。大師每日限定一尺香的時間會客，過這時間惟是禮拜念佛而已。

大師對於禪淨二宗的意旨，都明了其精奧。對自己嚴格要求，對他人期望殷切，開導說法，辯才無礙。與大衆一道精進修持，蓮風大扇，遠近仰化，道俗歸心。當時的佛門中，徹悟大師爲第一人。

嘉慶五年，大師退居紅螺山資福寺，打算在那裡圓寂。四衆弟子依戀追隨者甚衆，徹悟大師爲法爲人，始終沒有厭倦之心。於是便收留大衆，蔚然一道場。擔柴運水，泥壁補屋，一飲一食，大師均與大衆同甘共苦，其對大衆的懇切開示，感人肺腑。

大師居紅螺山十年，至嘉慶十五年二月到萬壽寺掃粹祖塔，辭別山外諸護法說：「我在世的時間不會久，人世空幻無常，虛度生命可惜，你們每人都應努力念佛，他年西方極樂世界好相見。」

三月回到紅螺山，命弟子預辦荼毗事，交接住持位，告誡衆人說：「念佛法門，三根（上中下三根）普被，無機不收。我多年來，與大家一道苦心建此道場，本是爲了接待十方衲子，同修淨業，凡是我所立的規條，應永遠遵守，不得改弦易轍。」

臨示寂半月前，感覺身體有微疾，命大衆助稱佛號，見虛空中幢幡無數，自西面而來，於是告辭衆人說：「淨土相現在面前，我將往生西方極樂世界了。」衆人懇勸大師住世，大師說：「人生百年如同客走他鄉，最終應尋路歸家，我今日得以達到聖境，你們應當爲我慶幸，又何苦挽留我呢？」十二月十六日，大師命監院師貫一，設涅槃齋。十七日下午三時告知大衆：「我昨天已經見到文殊、觀音、勢至三大士，今日又蒙佛親自垂手接引，我今日決定往生了。」衆人稱佛號，更勵更響，大師面西端坐，合掌說：「稱一聲洪名，見一分相好。」於是，手結彌陀印，安詳而逝，衆人聞到異香盈空，供奉七日，大師面貌栩栩如生，慈祥豐滿，頭髮由白變黑，光澤異常。二七入龕，三七荼毗（火化），獲舍利子百餘粒。門徒弟子遵守遺命，請靈骨葬於普同塔內，大師世壽七十，僧臘四十九，法臘四十有三。有《徹悟禪師語錄》及《示禪教律》、《念佛伽陀》等流通於世。

淨宗十三祖：印光大師

印光大師（西元一八六二～一九四〇年）：諱聖量，字印光。別號常慚愧僧，陝西郃陽人。幼時隨兄讀儒書，襲韓歐闢佛之議。後來，病困數載，始悟前非。二十一年時，即投終南山南五臺蓮華洞寺出家，次年受具足戒於陝西興安雙溪寺。

印光大師有眼疾，幾近失明，後在湖北蓮華寺幫著晾曬經書時，得讀殘本《龍舒淨土文》，而知念佛往生淨土法門是即生了生脫死的要道。因此目病，乃悟身爲苦本。即於閑時，專念佛號，即寫字時，也心不離佛，後眼疾痊癒，由此深信念佛功德不可思議。而自行化他，一以淨土爲歸，便由這開始。

印光大師修淨土，久而彌篤。二十六歲前往北京紅螺山資福寺入堂念佛，淨業大進。後應普陀山法雨寺化聞和尚請，護藏經南下，住法雨寺藏經樓間寮近二十載。深入經藏，妙契佛心，徑路修行，理事無疑。大師出家三十餘年，始終韜晦，不喜與人往來，亦不願知其名字。長期晝夜持念阿彌陀佛，早證念佛三昧。

民國紀年，高鶴年居士乃取大師文稿數篇，刊入上海《佛學叢報》，署名常慚。人雖不知爲誰，而文字般若已足引發讀者善根。徐蔚如、周孟由諸居士見之，慨嘆說：「大法陵夷，於今爲報，不圖當世尚有具正知正見如師者。」於是一再搜集印光大師文稿，刊爲《文鈔》。大師的《文鈔》，不獨佛理精邃，即格致誠正、修齊治平、五倫八德等儒門經世之道，不背於淨業三福者，亦必發揮盡致。其義典雅，所以人人爭讀。由此而傾慕大師道德，竭望列於門牆的善男信女，日益衆多。或航海梯山而請求攝受，或鴻來雁往而乞賜法名。此二十餘年來，皈依大師座下者，不可計數。即依教奉行，吃素念佛，精修淨業，得以往生西方淨土的士女，亦難枚舉。

大師儉以自奉，厚以待人，凡善男信女供養的香敬，悉皆代人廣種福田，用於流通經籍，與救濟饑貧。但權衡輕重，先其所急而爲措施。創辦弘化社，二十餘年，所印的佛書，不下四五百萬部，佛像亦在百萬餘幀，法化之弘，亦復滂溥中外。

綜觀大師的一言一行，無非代佛宣化，以期挽救世道人心，使賢才輩出，福國利民。而其自奉，食唯充饑，不求適口；衣取禦寒，厭棄美麗。有供養珍美衣食，非卻而不受，即轉送他人。如果是普通物品，便令交庫房，與大家共享，決不自用。

大師示寂，預知時至，臨命終時，對大眾開示：「淨土法門，別無奇特，但要懇切至誠，無不蒙佛接引，帶業往生。」初四早一時半，由牀上起坐說：「念佛見佛，決定生西。」言訖，即大聲念佛，二時十五分，索水洗手畢，起立說：「蒙阿彌陀佛接引，我要去了，大家要念佛，要發願，要生西方。」說完，即移坐椅上，面西端身正坐，近五時，在大眾念佛聲中，安詳西逝。世壽八十，僧臘六十。次年二月十五日，往生後一百日舉火荼毗，得五色舍利無數，奉靈骨塔於本山石鼓之東南。著有《印光法師文鈔》正、續編，《丙子息災法會法語》等。

印光大師對近世佛教的偉大貢獻：一、摧邪顯正，中興淨宗。二、創辦弘化社，印送經書數十種，不下百萬冊，法澤遍於海內外。三、建立靈岩山寺淨土道場，振蓮風於宇內。四、至行盛德，感孚四眾。有感應爲大勢至菩薩的化身之說（見楊信芳女士《紀夢悼印光大師》）。印光大師對近代中國佛教的中興，貢獻甚鉅。在現今的佛教界，影響猶存。

國家圖書館出版品預行編目資料

指歸極樂彌陀願：淨土信仰的緣起與西方極樂世界／大安法師著. -- 初版. -- 新北市：華夏出版有限公司, 2023.10
面；　公分. --（大安法師作品集；001）
ISBN 978-626-7296-63-9（平裝）
1.CST：淨土宗

226.55　　112011706

大安法師作品集 001

指歸極樂彌陀願：淨土信仰的緣起與西方極樂世界

著　作　大安法師
印　刷　百通科技股份有限公司
電話：02-86926066　傳真：02-86926016
出　版　華夏出版有限公司
220 新北市板橋區縣民大道 3 段 93 巷 30 弄 25 號 1 樓
電話：02-32343788　傳真：02-22234544
E-mail：pftwsdom@ms7.hinet.net
總 經 銷　貿騰發賣股份有限公司
新北市 235 中和區立德街 136 號 6 樓
電話：02-82275988　傳真：02-82275989
網址：www.namode.com
版　次　2023 年 10 月初版一刷
特　價　新台幣 360 元（缺頁或破損的書，請寄回更換）

ISBN-13：978-626-7296-63-9